여왕개미
공부법

여왕개미
공부법

초판 1쇄 인쇄 2015년 9월 7일
초판 1쇄 발행 2015년 9월 14일

지은이 신규진

펴낸이 이상순
주간 서인찬
편집장 박윤주
제작이사 이상광
기획편집 김설아, 서한솔, 한나비
디자인 유영준
마케팅 홍보 이병구
경영지원 박순주

펴낸곳 (주)도서출판 아름다운사람들
주소 (413-756) 경기도 파주시 회동길 103
대표전화 (031) 955-1001 **팩스** (031) 955-1083
이메일 books777@naver.com
홈페이지 www.books114.net

ⓒ2015, 신규진
ISBN 978-89-6513-359-9 (13370)

여왕개미 공부법

이유 있는 공부가   결과를 만든다!

신규진 지음

아름다운사람들

머리말

2014 서울세계수학자대회가 주최한 수학콘서트에 학생들을 데리고 참석한 적이 있다. 토크쇼 형식으로 진행되는 강연에 객석은 만원이었다. 초청 강연자는 꿈의 신소재라 불리는 그래픽 분야의 세계적인 권위자 김필립 교수였고, 그는 훌륭한 강의로 청중을 만족시켰다. 강연이 끝나고 이어진 질의응답 시간에 한 고등학생이 질문을 던졌다.

"교수님, 공부의 비결이 뭔지 가르쳐 주십시오."

김 교수는 멋쩍게 웃으며 답변했다.

"뚝심을 가지고 공부를 즐기는 것이 필요합니다."

학생이 혼잣말로 투덜거렸다.

"교수님들은 전부 똑같은 대답을 하십니다. 그저 즐기라고요. 저는 어떻게 공부를 즐길 수 있는지 그게 궁금한데 말입니다."

객석에서 공감의 웃음이 터져 나왔고, 학생은 머리를 긁적이며 자리에 앉았다.

만사가 그렇듯 공부가 즐거운 경우는 자발적 선택에 의해서 학습할 때 가능하다. 타인의 권유나 강요로 마지못해 하는 공부는 즐겁지가 않다. 지시, 훈계, 상벌, 경쟁, 서열화……. 학교에 이렇게 불편한 것이 그득하다면 공부가 괴로운 형벌처럼 느껴지는 게 당연할 것이다.

학습과 교육은 별개의 개념이다. 전자는 스스로 설계하고 떠나는 자유로운 배낭여행이고, 후자는 여행사가 짜 놓은 일정을 바쁘게 따라다녀야 하는 패키지 상품과 같다.

어린 아동은 교육기관에 위탁하여 배우게 하는 것이 여러모로 편리해 보인다. 듣기, 읽기, 말하기, 쓰기, 셈하기, 관계 맺기 같은 기본적인 삶의 기술을 유치원과 초등학교에서 배우는 것은 사회에 적응하기 위해서도 필요한 일이다.

그러나 자아 분화와 독립의 의지가 강해지는 10대에 이르면, 보다 자유로운 선택을 통해 학습해야 한다. 원래 계획에서 벗어나 지름길로 가거나, 멀리 돌아가는 길을 선택할 수도 있다. 청소년은 그 과정에서 다양한 경험을 통해 학습하고, 개성을 가진 인격체로 성장하게 된다.

가정과 학교가 학생에게 가하는 통제와 압박의 측면에서 볼 때, 우리의 교육 방식은 허리가 잘록한 모래시계의 구조를 닮아 있다. 초등학교 시절은 비교적 자유롭게 두지만, 고등학생이 되면 숨이 턱 막히도록 조였다가, 좁은 대학문을 통과하는 순간 온전히 놓아버린다는 면에서 그렇다.

아이들을 가득 태운 유람선을 바지선에 달아매어 끌고 가는 형태의 중등교육은 그 역치를 넘어선 지 오래이다. 학교는 지금 공부를 포기한 학생들로 북적거린다. 그러나 비가 오지 않는다고 하늘만 탓할 수는 없는 법, 교육 시스템의 한계에도 불구하고 학생들은 처한 상황 안에서 바람직한 학습 방법을 강구해야 한다.

다행히 인간에게는 상상한 것을 현실로 구현하는 능력이 있다. 단, 그러한 능력은 할 수 있다는 믿음과 용기가 있을 때만 발현된다.

그것이 물고기였던 인간의 조상이 뭍에 올라 두 다리로 서고, 우주로 도약하는 존재가 된 이유다. 자전거를 타고 공중제비를 돌 수 있다고 믿는 사람은 실패해도 다시 일어나 연습을 거듭한다. 믿으면 그럴 수 있는 힘이 생긴다. 공부도 마찬가지이다. 해도 안 될 거라는 공부 무기력증을 극복하지 않으면, 이미 보유하고 있던 능력마저 점점 퇴화하여 결국엔 아무것도 할 수 없게 된다.

이 책은 공부하는 이유와 방법을 생각하는 책이다. 공부는 성공이나 출세를 위해서도 필요하지만, 자유와 사랑을 누리는 것에 그 궁극적인 목적이 있다. 성공이나 출세는 상대 비교에 의한 일시적인 만족을 주지만, 자유와 사랑에는 세상 사람 모두가 함께 누릴 수 있는 절대 가치가 들어 있다. 그 절대 가치의 의미와 매력을 찾아 하나씩 내 것으로 소유해 가는 과정이 '진짜 공부'요, 공부하는 목적이다.

2015년 9월 7일
신규진

차례

2장.
여왕개미 공부법 ━━━━━━━━━━━━━━━ 072

3장.
이유 있는 공부가 결과를 만든다 ━━━━━━━━ 154

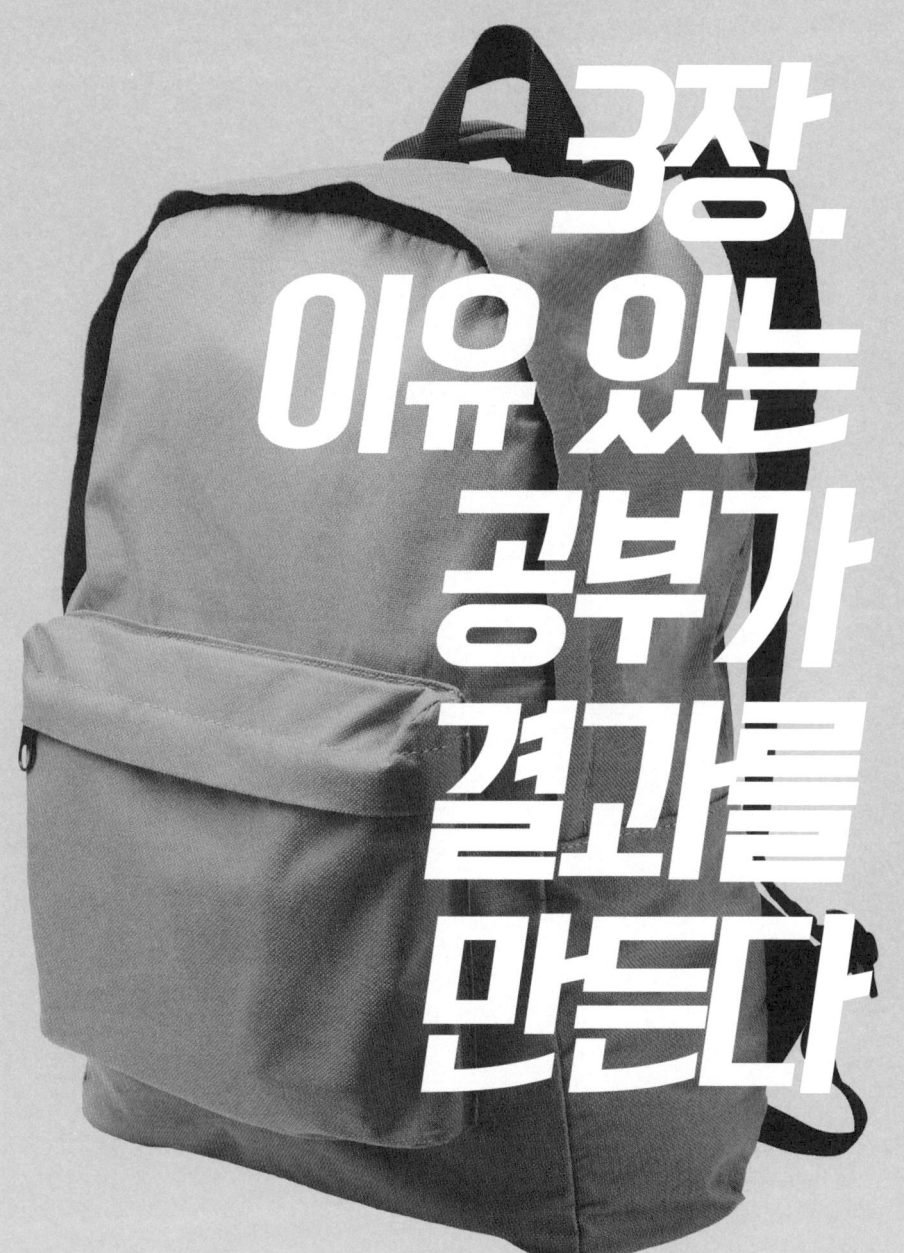

3장.
이유 있는
공부가
결과를
만든다

어떤 대상이나 현상이 실재하는지,

실재한다면 그 본질은 무엇인지 알고자 하는 것은 공부하는 또 하나의 중요한 이유가 된다.

앎으로써 두려움이 사라진 자리에는 평온함이 깃든다.

즐겁고 평온하면 세상이 더 아름다워 보이고 사람들이 사랑스럽게 느껴지는 법이다.

여기에 더 무엇을 바랄 것인가? 이것만으로도 공부를 해야 할 이유는 충분하다.

누구를 위해
공부하는가?

젊었을 때 배움을 게을리한 사람은 과거를 상실하며 미래도 없다.
· 에우리피데스 ·

'누구를 위해 공부하는가?'라는 질문에 선뜻 떠오르는 답은 '나 자신을 위해서'이다. 그러나 이는 왠지 정답이 아닌 것 같다. 공부가 나를 위해서 무엇을 해 줄 수 있단 말인가? 공기 성분을 몰라도 숨 쉬는 데 지장이 없고, 별 이름을 몰라도 밤하늘을 감상할 수 있고, 새들의 지저귐이나 풀벌레 울음소리를 듣는 데 지식이 꼭 필요한 것은 아니다. 돈을 많이 벌어서 잘 먹고 잘 살기 위해 공부가 필요하다고 생각할 수도 있다. 그러나 사람이 겨우 자기 배를 채우기 위해서 산다면 여느 동물과 다를 바가 없으므로 생각하는 존재로서의 자부심도 함께 내려놓아야 할 것이다.

흔히들 꿈꾸고 있는 인생을 한번 상상해 보자. 입을 즐겁게 해 줄 맛있는 음식, 몸을 근사하게 치장해 줄 멋진 옷, 안락하게 쉴 수 있는 크고 넓은 저택, 품격을 높여 줄 고가의 자동차, 최고 사양의 스마트폰과 컴퓨터까지. 최고급 요트에 성능 좋은 경비행기도 한 대 사고, 날씨 좋은 지중해 어디쯤 별장이 한 채 있으면 더할 나위 없이 좋겠다.

이제 즐길 일만 남았다. 집사의 지휘하에 온종일 요리사가 맛있는 음식을 내오고, 피부 미용사와 건강 관리사가 온몸을 관리해 준다. 전속 미용사부터 코디네이터, 정원 관리사, 운전사, 때밀이, 청소부에 이르기까지 수발해 주는 사람들만 수십 명이다. 게임을 하든지, 그냥 놀든지, 잠을 자든지 마음 내키는 대로 할 수 있다. 모든 것이 완벽하니 가히 지상천국이다.

그런데 돈 받고 일하는 모든 이들이 자기 의견이나 감정을 표현하지 않는다고 가정해 보자. 명령을 거부하거나 화내는 법도 없고 온종일 무표정하게 자신의 일만 충실히 한다. 내가 좋은 말을 해도 기뻐하지 않고 화를 내도 반응이 없다. 그들은 나를 시기하거나 질투하지 않고, 내 물건을 탐내거나 빼앗으려 들지도 않는다. 이처럼 밤낮 먹고 자고 빈둥대면서, 밀랍 인형 같은 사람들과 함께 산다면 과연 행복하고 재미있을까?

이와 같은 삶은 생리적 욕구만이 채워지는 삶이다. 안전한 삶에 대한 욕구는 이미 충족된 상태이므로 걱정할 일이 없고, 대드는 사람도 없으니 더 세우고 말고 할 자존심의 욕구도 못 느낀다. 하지만 자신을 위협하는 그 무엇도 없는 삶이 어떤 가치가 있을까? 행복은 잃어버릴 가능성이 있기 때문에 소중한 것이지 영원히 보장된 것이라면 그 가치를 느끼기 어렵다. 아무에게도 도전받지 않고 누구에게 도전할 일도 없는 삶은 기록할 가치가 없는 백지 인생일 것이다.

게다가 앞서 가정해 본 삶에는 커다란 구멍이 하나 있다. 인간 본연의 욕구 중 하나인 사랑의 욕구를 충족할 방법이 없다는 게 그것이다. 나에 대해서 비판하는 사람이 없으니 사랑할 대상도 없기 때문이다.

사랑의 대상은 내가 부당한 행동을 할 때 그것은 옳지 않다고 말해 줄 수 있는 사람이다. 또한 내가 정당한 행동을 할 때조차도 그것이 부당한 것이 아니냐고 의문을 제기할 수 있는 사람이어야 한다. 사람은 누구나 불완전하며, 자신의 견해대로 세상을 판단하는 존재이기 때문이다. 사랑은 나와는 다른 존재를 향하는 것이고, 서로의 자유를 존중할 때 성립한다. 둘 사이의 사랑이든 모든 사람과의 사랑이든, 사랑은 서로 다르게 행동하면서도 혼자가 아니라는 희열을 불러일으키는 요술 같은 것이다.

공부는 사람답게 살기 위해서 하는 것이고, 사람답게 살기 위해서는 사람을 사랑해야 한다. 따라서 공부는 '나를 위해서'가 아니라, '사람을 사랑하기 위해서' 하는 것이다.

사랑도 포기하지 않는
이유가 된다

행동의 가치는 그 행동을 끝까지 이루는 데 있다.
· 칭기즈칸 ·

오늘날 우리는 필요한 양보다 더 많은 돈을 갈망하는 화폐 집착의 시대에 살고 있다. 물질 중심의 현대사회에서 돈은 불안을 달래 주는 안정제요, 허영심을 채워 주는 흥분제로 기능한다. 그래서 인정이 메마르고 고독한 사회일수록 화폐에 대한 의존도가 증가하는 경향을 보인다. 하지만 돈으로는 진실한 사랑과 우정을 쌓아 갈 수 없기 때문에 그 가치는 실질적으로 대단치 않다.

지금도 지구 상에는 채취와 수렵으로 살아가는 원주민들이 존재한다. 이들은 일주일에 열 댓 시간만 일하고 나머지는 여유롭게 오락과 예술 활동을 즐긴다고 한다. 종종 대중매체에 등장하는 그들의 얼굴은 구김살 없이 해맑다.

우리는 G20에 속하는 복지국가 국민이며, 주당 40시간 이상 성실하게 일한다. 그럼에도 불구하고 먹고사는 문제로 늘 전전긍긍한다. 집을 살 돈이 없으니 결혼할 수 없고, 결혼할 수 없으니 연애할 엄두조차 못 내고……. '삼포 세대'라 불리는 계약직 청춘들에게 이 시대, 이 사회는 야박하기 짝이 없다. 죽어라 공부했는데 안정된 삶이나 미래가 보장되지 않으니 세상을 사랑할 맛이 나겠는가?

그렇지만 이 문제는 개인의 잘못이 아니라 국가정책의 오류에서 비롯된 것이므로 여기서는 일단 접어 두기로 하자.

사랑의 특징은 무엇인가?

첫째, 사랑은 주는 것이다.

사랑은 개수를 헤아리거나 무게를 측정할 수 있는 물건이 아니다. 그래서 누구와 얼마를 주고받았는지 계산할 방법이 없다. 그러므로 개인은 자유의지에 따라서 얼마든지 사랑할 수 있지만, 타인에게 얼마의 사랑을 달라고 요구할 수는 없다.

둘째, 사랑에는 조건을 붙일 수 없다.

당신이 이러저러하면 내가 당신을 사랑하겠노라고 조건을 붙이는 것은 회유나 거래 혹은 압박일 뿐 사랑이 아니다. 이는 흔히 부모가 자녀에게 저지르는 잘못 중의 하나로 우월적 지위를 이용한 심리 흔들기와 다르지 않다.

셋째, 사랑의 진정성은 비언어적 메시지로 전달된다.

다른 사람이 내 옷에 커피를 쏟았을 때, 흔히들 '괜찮다'라고 말한다. 여기서 '괜찮다'는 의례적인 표현일 뿐이고, 진정한 마음은 찰나의 순간에 비언어적 메시지로 전달된다. 눈빛이나 낯빛, 근육의 떨림이나 경직, 숨소리, 몸짓, 억양, 어투 등의 섬세한 요동이 적나라하게 감정을 드러내기 때문이다. 사랑도 이와 마찬가지여서 겉으로 드러나는 말이나 행동이 비언어적 메시지와 일치하는 경우에만 진정성이 전달된다.

넷째, 사랑은 계약할 수 없는 것이다.

한때 사랑한 것을 두고 평생 지불되는 연금처럼 여겨서는 안 된다. '사랑하다'라는 동사는 행위가 동반되는 순간에만 실천한 것이 되며, 그 여운이 남기는 하나 아주 오래가는 것은 아니다. 결혼 서약과 같은 계약을 맺으면 상대를 사랑할 수 있는 유리한 조건을 갖춘 것이 되지만, 조건을 갖춘 것과 사랑하는 것은 별개의 문제이다. 따라서 결혼 관계나 가족 관계를 사랑의 계약이라고 확대 해석하면 제대로 사랑하기 어렵다.

어떤 대상을 '좋아하는 것'은 아마도 사랑의 전제 조건일 것이다. 그렇지만 하늘에 떠가는 흰 구름을 좋아하는 것처럼, 대상에게 영향을 주지 않는 단순한 좋아함을 사랑이라 할 수 있을까? 어떤 대상에게 긍정적인 영향을 줄 수 있는 행위가 동반되지 않는다면, 사랑은 없는 것과 다를 바 없다. 따라서 사랑은 대상을 좋아하고, 그에 따른 '긍정적인 행위'가 동반될 때 비로소 의미가 있다고 하겠다.

긍정적인 행위란 무엇일까? 자동차를 깨끗하게 세차하고 번쩍 번쩍 광내는 일을 자동차를 사랑하는 행위라고 할 수 있을까. 이것은 차 주인이 자기만족을 위해 한 일일 뿐, 실제로 차를 위하는 행위는 아니다. 세차할 때마다 자동차 표면이 벗겨지고 얇아지니, 차의 입장에서는 너무 열심히 닦지 말고 그냥 내버려 두기를 희망할지도 모른다.

보살핌을 필요로 하는 어린아이는 부모에게 운전대를 맡긴 자동차와 같다. 그래서 부모가 난폭 운전을 하면서 그것을 사랑이라고 말하면, 아이는 그것이 사랑인 줄 안다. 그렇게 자란 아이는 자신의 사랑이 '순종하는 것'이라 여길 가능성이 크다. 그래서 남성 중심적 세계에서 자란 여자아이는 거칠고 강한 남성이 자신을 사랑하게 될 것이라는 기대를 품기도 한다. 하지만 여기에서 진정한 사랑을 기대하기는 어렵다. 거칠고 강한 것에 대한 집착이 사랑일 가능성은 별로 없으니 말이다. 결국 부모의 자기중심적인 사랑은 자녀에게 긍정적인 행위가 될 수 없다.

사랑을 '좋아함을 전제로 하는 긍정적인 행위'로 규정해 보자. 여기서 긍정적인 행위의 대상이 '나'이면 이기(利己)가 되고, 그 대상이 '너'이면 이타(利他)가 되는데, 어떤 행위가 어느 한쪽에게만 이익이 된다면 바람직한 것이 될 수 없다. 또한 너와 나에게 모두 이롭더라도 제삼자인 타인에게 해가 되는 행위라면, 이 역시 사랑의 범주에 넣을 수 없다.

자신의 자녀만을 위하는 희생적 모성애가 온전한 사랑이 될 수 없는 이유가 여기에 있다. 희생적 모성애는 흔히 내 아이에 대한 소유 의식에서 비롯된다. 이렇게 자기만족의 테두리에 갇힌 좁은 사랑은 다른 대상을 배척하거나 파괴할 수도 있다.

사랑은 너와 나 그리고 모두에게 좋은 것이어야 한다. 이처럼 모두를 이롭게 하는 행위로는 존경 혹은 존중을 들 수 있겠다. 단, 대상을 평가한 후에 이루어지는 강자에 대한 '복종적 존경'이나 약자에 대한 '동정적 존중'은 사랑의 범주에 넣을 수 없다. 그런 존경이나 존중에는 힘의 비교나 손익계산 등 이기적 동기가 작용하기 때문이다.

　　여성학자 벨 훅스(Bell Hooks, 1952~)는 그의 저서《사랑의 모든 것 (All about Love)》•에서 "진정한 사랑은 보살핌과 헌신, 믿음, 이해, 책임, 존경의 결합이다"라고 했고, 스캇 펙(Scott Peck, 1936~2005)은 "자기 자신 혹은 타인의 정신적 성장을 도와줄 목적으로 자신 자신을 확대시켜 나가려는 의지"••가 사랑이라고 했다. 또 지두 크리슈나무르티(Jiddu Krishnamurti, 1895~1986)는 "사랑은 사고나 감정과 같은 노력에 의해 태어나지 않으며, 시초부터 존재해야 하는 것"•••이라고 했다.

　　세 사람은 각각 결합, 의지, 무위(無爲)로 사랑을 설명하였지만, 이로부터 한 가지 사실을 깨닫게 된다. 그것은 우리가 그들의 말에 귀

- 《사랑의 모든 것》, 벨 훅스 지음, 윤길순 옮김, 동녘(2004).
- • 《아직도 가야할 길(The Road Less Traveled)》, 스캇 펙 지음, 신승철·이동만 옮김, 열음사(2005).
- •• 《잃어버린 나를 찾아서(The only revolution)》, 지두 크리슈나무르티 지음, 메리 러티언스 엮음, 동아번역실 옮김, 동아(1983).

를 기울일 수 있는 존재이고, 아울러 스스로를 일깨울 수 있는 존재라는 것이다. 박애, 자비, 인(仁)과 같은 종교의 가르침 역시 그러하지 않은가. 그렇다면 결론은 자명하다. 사랑은 이미 우리 내면에 있다.

그렇다면 사랑의 대상은 누구인가? 바로 '사람'과 '세상'이다.

'사람에 대한 사랑'은 사람을 통해서만 배울 수 있다. 운이 좋은 사람은 어릴 적에 사랑을 경험한다. 나는 운이 좋아서 무한한 사랑을 퍼 준 외할머니와 27년 동안이나 한방에서 살았다. 할머니는 나를 완벽한 인간인 것처럼 대하셨다. 나는 할머니로부터 서운하다거나 밉다거나 하는 말을 들어 본 적이 없다. 내가 어떤 행동을 하든 그저 선한 눈길로 바라보셨을 뿐이다.

내 어머니는 버릇이 나빠진다며 할머니의 그런 태도에 대해서 못마땅하게 생각했지만, 이는 어머니의 오해였다. 아이가 버릇없이 구는 것은 작은 복수와 같은 것인데, 나의 버릇없음이 누구를 향한 것인지 어머니는 이해하지 못했다. 사람에 대한 사랑은 무조건일 때만 성립한다. 조건이 붙는 사랑은 애정의 거래에 지나지 않는다.

'세상에 대한 사랑'은 인문학과 자연학 공부를 통해 깊어진다. 세상에 대한 사랑이라 하니 거창한 느낌이 들지만, 세상을 사랑하는 것은 나와 너를 제외한 그것들을 담백하게 보는 것이다. 담백한 마음에는 미움이나 증오가 스며들 여지가 없다. 민들레를 보듯이 세상을 편하게 바라볼 수 있다면 죄지을 일도 없을 것이다.

세상을 사랑하면 세상이 궁금해지기 마련이다.

"동물이나 식물에 대해서는 화가 나지 않는데, 가끔 사람에 대해 화가 나는 이유는 무엇일까? 어쩌면 그와 내가 하나의 생명체로 엮여 있기 때문은 아닐까? 137억 년 전 우주가 무(無)에서 태어났다는 것이 사실일까? 내 배 속에는 2조 마리의 세균이 살고 있다고? 걔들이 나를 배양하고 있는 것은 아닐까?"

머릿속에 맴도는 수많은 질문에 대한 답을 얻을 수 있는 곳이 있으니, 바로 도서관이다. 그런데 우리가 도서관에서 책을 통해 만나야 할 것은 지식이 아니라 사람이다. 철학자, 과학자, 기술자, 문인, 예능인, 장인, 상인, 농민, 군인, 정치인 가릴 것 없이 모두 만나야 한다. 그중에는 허풍쟁이나 사기꾼이 있을 수도 있다. 그렇지만 이를 가릴 필요는 없다. 단어의 뜻을 잘 몰라도 즐겁게 읽을 수만 있다면 어떤 책이든 경건하게 읽어야 한다.

나는 어릴 때 읽을 책이 없어서 보급용 불경을 읽고 또 읽었는데 제법 읽을 만했다. 그리고 이틀에 한 번꼴로 영화를 보았다. 〈피터 팬(Peter Pan)〉에서 〈드라큘라(Dracula)〉, 〈빨간 마후라〉에서 〈채

털리 부인의 사랑(Lady Chatterley's Lover)〉까지 모든 장르의 영화를 초등학교 때 섭렵했는데, 이해되지 않는 영화는 없었다. 책도 영화와 마찬가지이다. 어린이라고 보아서 안 될 책은 없다. 작가 샤를 단치(Charles Dantizg, 1961~)는 그의 저서•에서 "아이들에게 나이에 맞지 않는 책을 읽히라는 것 외에는 할 말이 없다"라고 독서에 관한 의견을 피력했다.

빼곡하게 책이 들어찬 도서관에 들락거리다 보면 의문이 들기 시작할 것이다. 적어도 하루에 한 권은 충분히 읽을 수 있는데, 학교에서는 왜 열 권 미만의 교과서에 밑줄을 쳐 가며 1년 내내 배우는 걸까?

만드느라 애쓴 사람들에게는 미안한 일이지만, 교과서는 무엇을 공부해야 한다고 써 놓은 안내서 정도에 지나지 않는다. 5년마다 갱신되는 교과서 내용은 100년 이전의 낡은 지식이 대부분이다. 과학의 발전 속도와 비교할 때 학교교육은 터무니없이 느리다.

학생들은 학교교육의 단점에 대해서 알고 있어야 한다. 단점을 알면 정나미가 떨어질 것 같지만 오히려 그 반대로 애정이 생긴다. 학교는 건강을 위해 다니는 태권도장처럼 즐겁게 다녀야 한다. 챔

• 《왜 책을 읽는가(Pourquoi Lire?)》, 샤를 단치 지음, 임영주 옮김, 이루(2013).

피언을 만들어 주겠다는 학교의 공약에 기대지 말고, 소풍 가듯이 다녀야 한다. 그래야 스스로 하는 진짜 공부에 열정을 쏟을 수 있다.

우리는 세상과 사람을 소극적으로 사랑할 수도 있고, 적극적으로 혹은 헌신적으로 사랑할 수도 있다.

소극적 사랑은 자신의 욕망에 충실한 사람의 몫이다. 소극적 사랑에는 배려나 봉사 같은 덕목이 요구되지 않는다. 소극적 사랑은 남을 의식하지 않고 자유롭게 살되 타인에게 해를 입히지 않는 삶이다. 타인을 좋아하지 않아도 괜찮다. 남을 미워하지 않고, 시기하지 않고, 질투하지 않고, 모함하지 않으면 그것으로 충분하다. 자유와 방종을 구분하는 정도의 소양만 필요할 따름이다.

적극적 사랑은 타인의 욕망에 공감하고 협력하는 사람들에게 해당된다. 적극적 사랑의 일차 대상은 가족이다. 가족은 치장을 생략하는 사이이고, 허물을 벗고 지내는 관계이다. 때문에 가족을 사랑하는 데 사탕발림과 같은 정치적 기술은 쓸모없다. 가족에게 사랑을 전하는 유일한 방법은 진정성뿐이다.

최초의 가족은 부부이므로 배우자는 누구보다 소중한 사람이다. 어릴 적 들판을 자유롭게 뛰놀던 아이가 성장하여 나의 아내나 남

편이 되었고, 지금 한 이부자리에서 잠든다는 사실 하나만으로도 배우자에게 무조건 감사하고 소중하게 사랑해야 한다. 그는 자유의 권리로 나를 선택했고, 나 역시 그러했으므로 서로의 자유를 늘 존중해야 한다.

자녀를 사랑하는 것도 배우자를 사랑하는 방법과 다르지 않다. 자녀는 복종을 강요하지 말고 무조건 사랑해야 하는 존재이다. 가족끼리는 언제든 서로를 다정하게 바라보고 어루만져 줄 수 있는 특권이 있으므로 가족이 사랑의 관계를 유지하지 못한다면 그것이 오히려 이상한 일이다.

적극적 사랑은 친구, 이웃, 동료 나아가 낯선 사람에게까지 얼마든지 확장될 수 있다. 칭찬, 위로, 지지, 격려, 배려는 돈 한 푼 들이지 않고 베풀 수 있는 사랑의 선물이다. 나의 노고와 재물을 기꺼이 나누는 봉사 활동이나 각종 후원도 적극적인 사랑의 실천이다.

내 집 마당을 쓸면서 옆집 마당까지 쓸어 주던 시절에는 순수한 이타심이 살아 있었다. 이런 마음은 내 집 마당이나 옆집 마당이나 하나로 연결된 땅이라는 공동체 의식에서 비롯된 것이다. 이윽고 깨끗하게 비질한 마당을 보면 마음이 개운해지니 그것으로 더 이상의 보상은 필요치 않았다. 이웃이 가끔 수고했다고 인사할 적이 있지만, 그때도 호들갑 섞인 칭찬은 하지 않았다. 이웃 역시 내 집 마당까지 쓸 수 있는 권리를 가지고 있었기 때문이다.

그런데 시나브로 모든 영역에서 경쟁이 가속화되고 심화되면서 순수한 이타심을 쓸모없는 것으로 평가절하하기에 이르렀다. 사람들은 아무런 대가 없이 베푸는 사람을 속 빈 강정으로 생각하게 되었고, 착한 성품을 실패자의 특징으로 여기게 되었다. 그런데 이런 가치관이 지배적인 사회에서는 서로가 고독해지기 때문에 '변형된 이타심'이 자생한다.

변형된 이타심은 순수한 이타심과 달리 심리적 보상을 목적으로 한다. 예를 들어 봉사 활동을 하면 '나도 좋은 일을 했다'는 자기 위안뿐 아니라 감사의 인사나 주변의 칭찬 등 돈으로 살 수 없는 보람을 얻게 된다. 이렇게 자기 위안과 보람 때문에 봉사 활동을 하는 것은 자기 내부의 심리와 거래하는 것이다. 이는 내적 욕구를 외부로 발산하여 승화시키는 행위로 성숙한 심리 방어기제를 활용하는 것이지만, 엄밀하게 말해 아주 건강하고 바람직한 것이라고는 할 수 없다. 가령 몸이 아파 봉사 활동을 못 하게 될 때는 공허감을 느낄 가능성이 높고, 자신이 행한 미덕에 훨씬 못 미치는 피드백을 받을 경우 우울함을 느낄 가능성이 그만큼 크기 때문이다.

순수한 이타심은 보상을 바라지 않는다. 이와 같은 이타심은 유대인 철학자 마르틴 부버(Martin Buber, 1878~1965)의 절제된 언어에서 고요한 울림으로 다가온다.

"나-너는 짝말이다. 나는 '너'로 인하여 '나'가 된다. '나'가 되면서 '나'는 '너'라고 말한다. 모든 참된 삶은 만남이다."•

그의 말대로 '나'는 '너'가 있음으로써 의미가 생기는 말이니, 나-너'에는 이미 '우리'라는 뜻이 들어 있다. 그러므로 누구를 사랑하거나 존경하거나 배려하거나 주는 것이 곧 받는 것이 된다. 여기에 더 보태어 받을 것이 무엇이 있겠는가. 진정한 부자는 주기만 하는 사람이다.

헌신적 사랑은 자기 자신보다 상대방인 그를 더 많이 사랑하는 것이다. 즐겁고 기쁜 일은 그가 먼저 누릴 수 있도록 배려하고, 힘들거나 위험한 일은 기꺼이 자신이 맡는 것이다. 헌신적 사랑은 추운 날 외투를 벗어 덮어 주는 작은 일부터 그를 위한 대리 죽음까지도 가능하게 하고, 이러한 행위를 통해 자신에게 돌아오는 이득이 무엇인가에 대해서는 전혀 생각하지 않는다. 이런 사랑이 젊은 날에만 가능한 것은 아니다. 에로틱한 열정이 식고 생의 쓸쓸함을 인식하는 나이에도 충분히 가능하다.

• 《나와 너(Ich und Du)》, 마르틴 부버 지음, 표재명 옮김, 문예출판사(2001).

모든 일이 그렇듯 사랑하는 데에도 많은 에너지가 필요하다. 그래서 사람들은 일상의 대부분을 소극적으로 사랑하며 살고, 때로는 무심한 듯 은둔하여 고독을 즐기기도 한다. 그렇지만 고독을 선택하는 것도 사랑을 그리워하기에 가능한 일이다. 사랑을 경험하지 못한 사람은 고독함이 무엇인지 알지 못하기 때문이다. 당신은 사람들이 오가는 거리의 풍경을 애틋한 눈으로 바라볼 수 있고, 크리스마스캐럴의 멜로디를 흥얼거릴 수 있는 사람인가? 이러한 질문에 고개를 끄덕일 수 있는 모든 사람에게는 세상과 사람을 적극적으로 사랑할 수 있는 에너지가 내재되어 있다.

가뭄이 들면 저수지의 수문을 열어야 하듯이, 온정이 메마른 사회일수록 우리가 품고 있는 사랑의 주머니를 활짝 열어야 하지 않을까? 사랑은 주는 것만 가능하므로.

사랑도 공부의 이유가 될 수 있다. 공부를 통해 세상과 사람에 대해 더 많이 이해할 수 있고, 그 이해를 통해 포용하고 존중하는 마음이 생겨난다. 포용과 존중의 그릇이 넉넉해질 때 사람과 세상에 대한 사랑의 폭과 깊이도 그만큼 증가한다.

자존감을 회복해야
공부의 주인이 될 수 있다

일제강점기에 조선은 이민족에게 아주 많은 것을 수탈당하는 아픔을 겪었다. 인명이나 물자 같은 유형의 자산을 빼앗긴 것도 큰 고통이었지만, 민족의 자아존중감(self-esteem, 자존감)과 주인 의식을 빼앗겼던 것은 무엇보다 큰 슬픔이고 손실이었다.

자존감과 주인 의식이 사라질 때 사람은 매우 나약해진다. 분노와 슬픔이 뒤섞인 복종심, 공포와 불안에 사로잡힌 노예 의식, 자기를 비하하는 열등의식이 자라나 삶의 에너지를 잠식하기 때문이다. 이렇게 손상된 자존감을 회복하지 못하는 사람은 매사에 자신감을 잃고 점차 무기력해진다. 무기력한 상태에서는 그 무엇도 제대로 할 수 없다. 공부도 마찬가지이다.

　사람이 본래 무기력한 생명체라면 세상에 태어나지도 않았을 것이다. 그래서 심리 상담의 장면에서는 무기력 대신 '학습된 무기력'이라는 표현을 쓰곤 한다. 이는 무기력이 실제로 무능해서가 아니라, 무능하다고 착각하는 데서 비롯되는 것이라고 보기 때문이다. 학습된 무기력은 개인적 차원과 집단적 차원으로 구분할 수 있다.

　개인적인 무기력은 대개 부모나 교사 같은 주변인들이 제시하는 가치 기준을 충족시키지 못하고 있다는 생각에서 비롯된다. 가치 기준은 지능이나 재능, 태도나 외모, 학력이나 재산, 지위나 권력 등과 연관되어 있다. 그런데 이것은 대부분 상대 비교에 의한 것이기 때문에 어떤 가치의 80~90퍼센트 수준을 달성해도 열등하고 못난 것으로 취급되는 경우가 허다하다. 누구든지 이러한 부정적 피드백을 자주 받게 되면, 자존감이 약해질 수밖에 없다. 급기야 주인 의식을 잃어버리고 정말 아무것도 못 하는 무능한 인물이 된 것 같은 착각에 빠지기도 한다.

　집단적인 무기력은 출생 계급에 따라 신분이 결정되는 사회나, 다른 나라의 지배를 받는 피지배 민족에게서 흔히 나타난다. 지배

계층에 대한 피지배 계급의 복종이나, 강대국에 대한 약소국의 굴종이 그러한 집단의식의 반영이다. 그런데 이것의 뿌리를 거슬러 올라가면 동서고금 가릴 것 없이 어른과 아이, 남자와 여자로 나누어 사람을 차별하는 관습에 가닿는다. 수천 년 동안 힘이 센 어른 남자가 가장 우월한 지위를 차지함으로써 여자와 아이는 마치 정신 능력도 부족한 것처럼 인식되어 왔다. 오늘날에도 그러한 관념은 여전히 남아 있다.

청소년기를 '질풍노도(疾風怒濤)의 시기'로 정의한 사람은 미국 심리학의 선구자 그랜빌 홀(Granville Hall, 1844~1924)로 알려져 있다. 그의 정의는 청소년을 반항적이고, 충동적이며, 참을성이 없는 존재라고 믿게 하는 데 일조했다. 그리고 지금도 많은 사람들이 그의 말에 고개를 끄덕인다.

홀은 질풍노도, 곧 '엄청나도록 세게 불어오는 바람과 미친 듯이 물결치는 파도'가 청소년의 특성인 것처럼 말했지만, 내 생각은 다르다. 사실은 청소년이 오히려 성년보다 참을성이 많고, 상심으로부터의 회복력이 빠르며, 스트레스에 대한 탄력성이 높다. 한마디로 말해 청소년은 어른보다 착하고 순수하다. 그런데도 청소년의 성품을 평가절하하고 오해하는 까닭은, 사회가 사람을 성년과 미성년으로 분류한 후에 이중 잣대를 들이대기 때문이다.

성년의 권리와 자유에 비해 청소년의 그것은 심하게 제약된다. 반면 청소년이 지켜야 할 규칙이나 범절의 기준은 상당히 높다. 가령 스무 살 대학생이 수업을 빼먹고 낮술과 담배를 즐긴다면 아무도 나무라지 않는다. 그것은 그의 자유에 해당하는 일이라고 생각하기 때문이다. 그러나 열아홉 살 고등학생이 학교를 빠져나와 골목에서 담배를 피운다면 사정이 달라진다. 품행이 불량하여 장래가 걱정되는 한심한 녀석으로 낙인찍히고, 학칙에 따라 처벌받는 경우가 허다하다. 불과 한 살 차이인데도 대우가 그처럼 현격하다.

청소년들은 어른에 의해 기획되고 조종되는 의존적 상태에서 벗어나야 한다. 그럴 때 스스로 공부할 수 있는 힘도 생긴다.

노동자를 고용한 사주(社主)의 입장에서는 토요일도 일요일도 없이 공장이 돌아가기를 바랄 것이다. 고용한 사람의 입장에서는 철야 수당을 주더라도 피고용인을 일하게 하는 편이 훨씬 이득이 많기 때문이다. 그러나 학생은 피고용인이 아니다. 학생은 자기 소유의 밭을 일구는 자작농과 같은 존재로, 공부할 때와 쉴 때를 스스로 판단하고 결정하는 자이다.

공부에 대한 욕구는 학생이 능동적인 학습자, 주체적인 교육 소비자로 자리매김하는 경우에 증가한다. 이는 자기 밭을 가진 주인이 뙤약볕 아래에서도 구슬땀을 흘리며 열심히 일하는 이치와 비슷하다.

자존감은 어디서 구해 오는 물건도 아니고, 타인이 심어 주는 것도 아니다. 자존감은 자연의 선택에 의해 이 세상에 태어날 때부터 부여된 생명의 정기와 같은 것이다. 그러므로 언제부터인지 모르게 자존감이 약해졌다면 자기 스스로 이를 다시 일으켜 세워야 한다.

"여자가 공부는 해서 뭐해. 시집가서 아이 잘 낳고 살림이나 잘하면 되지."

남성 중심의 가부장제도가 위세를 떨치던 과거에 여성들은 공부할 기회를 박탈당하는 경우가 많았다. 여성의 인격이나 재능은 남성들에 의해 깔봄을 당하기 일쑤였고, 그로 인해 자존감이 낮아진 여성들은 스스로를 열등하고 약한 존재라고 여기기도 했다. 그러나 '우리는 나약한 존재가 아니다'라는 자각 그리고 계몽과 투쟁을 통해서 여성들은 시나브로 자신들의 권리와 위상을 되찾았고, 양성평등의 시대를 열었다. 그리고 여성들의 능력이 모든 분야에서 남성들에게 결코 뒤지지 않는다는 것을 스스로 입증하고 있다.

청소년도 여성의 경우처럼 스스로 자존감을 회복하고 주인 의식을 되찾아야 한다. 무능해서 일이나 공부를 못 하는 것이 아니라, 스스로 무능하다고 믿기 때문에 안 되는 것이다. 청소년들은 자신이 소중한 사람임을 자각해야 한다. 그를 통해 자존감을 되찾을 때 내재되어 있던 잠재 능력이 발휘되고, 자신감도 높아진다.

항일 독립운동 단체였던 청년학우회(靑年學友會)˙의 취지문˙˙에는 "청년은 일국(一國)의 사령(司令)이오 일세(一世)의 도사(導師)이거늘" 이라는 글귀가 들어 있다.

청년이 한 나라의 사령관이고 한 시대를 이끄는 스승이라는 말인데, 청년의 당찬 기개를 드러낸 표현으로 이만한 문장이 또 있을까. 이처럼 대단한 자존감을 가질 때 두려움은 사라지고 용기가 샘솟게 된다.

민태원(1894~1935) 선생은 다음과 같이 청춘을 예찬했다.

"인생에 따뜻한 봄바람을 불어 보내는 것은 청춘의 끓는 피다. 청춘의 피가 뜨거운지라, 인간의 동산에는 사람의 풀이 돋고, 이상(理想)의 꽃이 피고, 희망의 놀이 뜨고, 열락(悅樂)의 새가 운다.

˙ 1909년 2월부터 1910년 11월까지 활동한 독립운동 단체로, 민족 독립을 위해 청년 교육과 민족 교육, 실업 진흥에 힘썼다. 안창호, 윤치호, 최남선, 차이석, 이승훈 등 신민회 간부 열두 명과 유길준 등에 의해 조직되었다.

˙˙ 청년학우회 취지문은 안창호의 지시로 최남선이 신채호에게 의뢰하여 작성한 것으로 알려져 있다.

사랑의 풀이 없으면 인간은 사막이다. 오아시스도 없는 사막이다. 보이는 끝끝까지 찾아다녀도, 목숨이 있는 때까지 방황하여도, 보이는 것은 모래뿐인 것이다. 이상의 꽃이 없으면 쓸쓸한 인간에 남는 것은 영락(榮樂)과 부패뿐이다. 낙원을 장식하는 천자만홍(千紫萬紅)이 어디 있으며, 인생을 풍부하게 하는 온갖 과실이 어디 있으랴?

이상! 우리의 청춘이 가장 많이 품고 있는 이상! 이것이야말로 무한한 가치를 가진 것이다."

시대 상황이 아무리 힘들고 어려워도 청년은 이상을 꿈꾸어야 한다. 또한 이상의 실현은 스스로 고귀한 존재라는 자존감을 가질 때 비로소 가능하다.

질풍노도
유감

앞에서 언급했듯이 미국 심리학자 그랜빌 홀은 청소년기를 '질풍노도의 시기'로 규정했다. 그러나 결론부터 말하자면 그것은 잘못된 선입견이다.

청소년의 특징을 살펴보면 소년에 비해 힘이 세고, 청년에 비해 신중함이 떨어지고, 장년에 비해 물욕이 적고, 노년에 비해 감성이 풍부하다. 이들은 세상에 대한 흥미와 호기심으로 충만하며, 또래와 어울리기를 좋아한다. 청소년은 오월의 푸름을 닮아 작은 기쁨에도 깔깔거리고, 소소한 성취에도 신이 나서 주먹을 불끈 쥔다. 거의 모든 청소년은 밝고 착한 표정으로 인사를 잘한다. 이들의 인사법에는 가식이 없다. 반가우면 반갑게 인사할 뿐, 잘 보이려고 허리를 깊이 숙이지는 않는다.

청소년 중에는 종종 못나게 구는 녀석, 약자를 괴롭히는 거만한 녀석, 경찰에게 뒷덜미를 잡혀 오는 어리석은 녀석도 있다. 그렇지만 이것이 청소년기를 작은 일에도 쉽게 짜증 부리고, 분노의 감정을 불태우며, 적개심을 드러내는 시기라고 치부할 만한 근거는 못 된다.

"북한군도 중 2가 무서워서 도발하지 못한다는데요?"

"남고에 근무하신다고요? 거친 아이들 다루기가 쉽지 않으실 텐데……"

"청소년 범죄가 날로 흉악해지니 10대가 무서워집니다."

이런 말들은 대중매체가 내보내는 험악한 뉴스에 풍문과 의심이 덧붙여져 생긴 선입견을 담고 있다. 선입견이 강하게 작동할 때는 어떤 일이든 보고 싶은 대로 보고, 믿고 싶은 대로 해석하게 된다. 그래서 어른들은 물론 청소년 자신들조차도 청소년이란 매우 위험한 충동과 행동력을 가진 존재라고 여기게 되는 것이다.

청소년 범죄에 관한 뉴스가 '무서운 10대'라는 과장된 표현으로 언론을 달구는 이유는 그들의 범죄 행위가 상대적으로 악해서가 아니다. 또 다른 연령대에 비해서 발생 비율이 높기 때문도 아니다.

실제로 경찰청의 범죄 통계를 보면, 2013년에 발생한 우리나라 범죄(1,741,302건) 중 청소년(만 19세 미만) 범죄는 약 5퍼센트에 불과하다.* 나머지 95퍼센트는 성인 범죄자가 저지른 것이다. 최악의 범죄인 살인의 경우도 10대 청소년 범죄가 여섯 건인 데 비해, 61세 이상 노인의 범죄는 쉰여섯 건으로 청소년의 아홉 배가 넘는다.

대중매체의 속성상 희귀한 사건일수록 더 많이 더 크게 보도하는 법이니, 시청자는 뉴스의 착시 효과나 최면을 경계해야 한다.

청소년이 자신의 성품에 대해 자긍심을 갖지 못하는 데에는 그럴 만한 이유가 충분히 있다. 청소년은 어른과 어린이 사이에 놓여 있어 권력과 애정적 보살핌 양쪽 모두로부터 소외되어 있다. 또한 미래에 대한 불안과 공부라는 과업 때문에 자유롭지 못하다. 부모의 감시나 학교의 통제를 받는 경우에는 생활이 더욱 고단하다.

그래서 청소년은 쌓여 가는 스트레스를 해소하기 위해 사이버 세계에 몰두하기도 한다. 물론 이렇게 현실을 회피하는 방법이 불안

● http://www.police.go.kr

에 대한 근본적 해결책이 될 수는 없다. 술, 담배, 욕설, 이성 친구도 마찬가지이다. 불안과 스트레스를 지속적으로 해소할 수 없을 때 욕구불만은 내부에 축적된다. 그것이 역치를 넘어서면 외부로 향하게 되고, 또래끼리 상처를 주는 행동도 하게 되는 것이다.

청소년들은 내심 세상이 두렵기 때문에 대범하고 강한 척한다. 어른처럼 보이고 싶어 어른 흉내를 내는 약한 아이가 청소년인 셈이다.

학교 밖 사회에서 지내다가 학교 안으로 들어와 학생들을 자주 접하게 된 사람들, 예를 들면 영양사, 급식 종사원, 학교 지킴이, 학교 행정 지원사, 청소 미화원, 학교 운영위원회 학부모 위원, 봉사 도우미 학부모, 학교 담당 현직 경찰, 학교 담당 변호사, 그 외 지역 사회 관계자 대다수는 선입견이 통쾌하게 부서지는 경험을 한다. 그리고 이구동성으로 감탄사를 내뱉는다.

"학생들이 이렇게 예의 바르고 착한 줄 예전엔 미처 몰랐어요!"

교사들도 학생들이 착하다는 것을 잘 알고 있다. 하지만 이를 내색하는 경우는 많지 않고, 학생들에게 감동하는 경우는 더욱 드물다. 그것은 교사가 학생에게 기대하는 선(善)의 기준이 매우 높고, 학생이 잘한 것보다 잘못한 것을 눈여겨보는 일종의 직업병이 있기 때문이다. 거친 아이들을 다루기가 쉽지 않을 것이라는 우려는 맞기도 하고, 틀리기도 하다.

학생들에게 힘과 영향력을 행사하는 교사가 되려고 하면 대개는 실패한다. 학생이 행복해지는 것을 최우선에 두지 않고, 국가나 사회의 인재로 키운다는 목적에 무게중심을 두는 경우에 특히 그렇다. 인재라는 말 자체가 쓸모 있는 사람과 쓸모없는 사람을 가르고 있는데, 아이들은 말하지 않아도 그 기준의 부당함을 몸소 느낀다.

학생을 순한 양처럼 대하면 그들은 순한 양이 된다. 청소년이라는 그릇을 선하게 보지 않으면, 교육을 통해 아무것도 담아 줄 수 없다. 악한 그릇에는 무엇을 담아도 소용없으니까 말이다.

자유의지로 공부할 때
상전이가 일어난다

힘은 뼈와 근육에서 나오는 것이 아니라 불굴의 의지에서 나온다.
· 간디 ·

정신의 자유, 참 아름다운 말이다. 그러나 그 말이 왜 아름다운지 이유를 대라고 하면 선뜻 입이 열리지 않는다. 정신이나 자유가 추상적 개념이라 설명하기도 이해하기도 어렵기 때문이다.

〈표준국어대사전〉은 정신과 자유를 다음과 같이 풀이하고 있다.

• 정신(精神)

1. 육체나 물질에 대립되는 영혼이나 마음.

2. 사물을 느끼고 생각하며 판단하는 능력. 또는 그런 작용.

3. 마음의 자세나 태도.

4. 사물의 근본적인 의의나 목적 또는 이념이나 사상.

• 자유(自由)

1. 외부적인 구속이나 무엇에 얽매이지 아니하고 자기 마음대로
   할 수 있는 상태.
2. 《법률》법률의 범위 안에서 남에게 구속되지 아니하고 자기 마
   음대로 하는 행위.
3. 《철학》자연 및 사회의 객관적 필연성을 인식하고 이것을 활용
   하는 일.

'정신'은 '정신을 잃다' '정신을 똑바로 차리다' '정신이 바르지 않
다' '준법정신이 투철하다'와 같은 용례를 보면 네 가지 뜻을 구별하
는 게 비교적 쉽다. 또한 개별적인 뜻을 엄밀히 구별하지 않아도 의
사소통에는 별 지장이 없고, 네 가지 뜻을 융합해 사용해도 별 무리
가 없다. '자유로운 영혼'이라는 비유적 표현에는 '정신'의 네 가지
뜻이 모두 포함되어 있다.

그런데 '자유'에 대한 풀이는 각각의 의미가 서로 충돌하고 있어
오해의 소지가 다분하다. 첫 번째 뜻과는 달리 법률에서는 자유를
'법률의 범위'로 한정하고 있고, 철학에서는 '객관적 필연성의 인식'

을 전제로 하고 있기 때문이다.

첫 번째 풀이에 해당하는 자유는 자연에 실존하는 인간으로서 누리는 원초적 자유이다. 사전에서는 외부의 구속을 받지 않는다는 점을 강조하고 있지만, 철학적·심리학적으로 보면 내부의 구속까지도 받지 않는 것을 진정한 자유라 말할 수 있을 것이다. 좋거나 나쁘거나 아름답거나 추하거나 하는 개인 내부의 기준 자체가 삶의 경험에서 형성된 일종의 구속이기 때문이다. 그런 이유로 철학자들이 생각하는 자유의 개념도 각각 조금씩 다르다.

임마누엘 칸트(Immanuel Kant, 1724~1804)는 '이성으로 욕망을 억누르고 자신만의 규칙을 스스로 만들어 따르는 것이 자유'라고 했고, 스튜어트 밀(Stuart Mill, 1806~1873)은 '타인에게 위해를 가할 자유만 없을 뿐, 그 밖의 일은 모두 자유'라고 했으며, 장 폴 사르트르(Jean-Paul Sartre, 1905~1980)는 '인간의 본질을 스스로 만드는 것이 자유'라고 했다.

철학자들의 생각을 받아들일 때에는 자기만의 해석이 필요하다. 타인의 생각을 비판 없이 수용하는 것은 남의 옷을 빌려 입는 것과 마찬가지이기 때문이다.

나는 '자기 책임과 당당함'을 자유의 의미로 본다. 그래서 대부분의 사람들이 욕망하는 권력에는 별 흥미가 없고, 권력에 의해 괴롭

힘을 당하는 것은 더구나 싫다. 모든 일이 정의의 토대 위에서 정의의 실현을 위해 정의롭게 진행된다면, 권력은 아무짝에도 쓸모없을 것이다. 그런데도 권력을 갈구하는 것은 대개 결핍된 자아에 대한 불만족이 그 원인이다. 권력은 어떤 개인이 부당한 것을 원할 때나 유용한 도구이기 때문이다.

세상에는 니콜로 마키아벨리(Niccolò Machiavelli, 1469~1527)의 군주론을 사랑하는 야심가들도 있다. 목적만 괜찮다면 수단은 아무래도 상관없고, 약속은 지키지 않아도 상관없다는 대목에 밑줄을 그으면서 그것이 권력의 자유이며 책임이라고 합리화하며 살 수도 있을 것이다. 어쨌든 그와 같은 믿음도 개인의 자유이니 탓할 수는 없다. 단, 그 자유가 공익을 해치거나 다른 사람들의 자유를 침해하거나 누군가에게 손해를 입혀서는 안 된다. 모든 자유에는 책임이 따른다.

그런데 무엇을 어떻게 책임질 것인지 판단하는 일에도 자유의지가 중요하게 작용한다. 다시 말해 법이나 관습, 타인의 평가 때문이

● 예를 들어 어떤 의사의 친척이 차례를 지키지 않고 우선적으로 진료를 요구한다면, 이는 권리가 아닌 권력에 기대는 것이다. 만약 의사가 그 요청을 수락한다면 권한을 권력으로 사용한 것이다. 권한이나 권리가 아닌 권력은 합리성이나 타당성을 입증하기 어려울 때 사용하는 강제력이 있다.

아니라, 자신이 설정한 정의의 기준에 따라 스스로 책임지는 자세가 필요하다. 물론 법치국가에 사는 사람이 그 사회의 법을 따라야 하는 것은 당연하다. 그렇지만 법도 불완전한 것이며, 법 조항만으로 명확하게 시비를 가릴 수 없는 일도 허다하다. 그래서 개인의 양심에 따른 판단이 무엇보다 우선한다.

법률 의존적인 사회는 결코 평화로울 수 없다. 법망을 교묘하게 피해 얼마든지 나쁜 짓을 할 수 있기 때문이다. 양심에 어긋나는 일을 하고도 '법대로'를 외치며 배짱을 부리는 사람들이 늘어나면, 사회가 점점 팍팍해지고 질 낮은 세상이 된다. 이는 '법이 사회정의를 구현하기 위해 있다'는 법의 정신을 도외시하고, 컴퓨터 매뉴얼 수준으로 법을 사용하기 때문이다.

정신의 자유를 가진 사람은 자신을 위해 또한 타인을 위해 자유를 활용하는 사람이다. 자신에게 이로운 것이 타인에게도 이로운 것이 된다면, 그것이 바로 자아실현이다.

정신의 자유를 가진 사람이 되는 것은 공부의 중요한 목적이다. 정신의 자유도가 높아질수록 타인에 대한 의존도는 낮아지고, 자유도가 의존도를 넘어설 때부터 인생의 '상전이(相轉移, phase transition)'가 시작된다.

상전이는 '시스템이 양적인 변화에 그치지 않고 질적인 변화를 거쳐 다른 형질의 것으로 바뀌는 현상'을 뜻한다. 그 시점이 언제인지는 자신만 느낄 수 있다. 사랑받기 위해서가 아니라 사랑하기 위해서 산다는 생각이 들기 시작할 무렵이 바로 그때인데, 나이와는 전혀 상관없다.

상전이의 대표적인 사례로는 물이 얼음, 수증기, 초임계 유체로 변신하는 것이 있다. 1기압 0℃ 이상의 물은 액체 상태로 분자들이 비교적 자유롭게 운동한다. 그러나 물의 온도가 0℃ 이하로 내려가면 물 분자는 약속이나 한 듯 육각형 모양의 격자 배열을 이루면서 얼음 상태로 상전이가 일어난다. 반대로 물의 온도가 상승하여 100℃에 이르면 분자들은 아우성치면서 일제히 탈출을 시도한다.

물의 온도가 100℃보다 더 높아질 수는 없을까? 답은 '가능하다'이다. 대기압보다 218배 높은 압력을 유지하면 물의 온도가 374℃까지 올라갈 수 있다. 압력을 더 높이면 물의 온도를 더 올릴 수 있을까? 아쉽지만 물의 임계압력과 임계온도는 여기까지이다. 임계점을 넘으면 물은 더 이상 물이 아니고, 초임계 유체로 상전이를 한다. 초임계 유체가 된 물은 액체와 기체의 두 가지 성질을 한 몸에 지닌다.

이러한 변신은 단지 물질에만 국한되지 않는다. 생명체의 동조 현상, 사회 군집의 폭발적 성장이나 몰락, 교통 정체, 주가의 급락, 경제 위기와 같은 현상을 상전이로 설명하는 학자들이 많다.

서울대학교 강병남 교수 팀은 《사이언스(Science)》에 게재한 논문에서 상전이의 수학적 모델을 통해 "대규모 집단의 형성을 방해하는 억압이 지속되면 임계점에 이르러 중규모 집단이 폭발적으로 연합하면서 대형 집단을 형성한다"고 밝혔다.

이와 같은 상전이 현상을 인간의 심리에서도 발견할 수 있다. 억압을 거듭하다가 어느 순간 폭발하는 분노나, 부모 말에 순종하던 아이가 사춘기에 이르러 적대적이고 반항적인 태도를 보이게 되는 것은 상전이 현상과 흡사하다. 이러한 상전이는 긍정적인 방향으로도 일어난다. 사춘기의 폭풍이 어느 순간 가라앉고 의젓한 청년이나 숙녀로 성숙하는 과정은 영락없는 상전이이다.

그런데 상전이는 특정 순간에 불연속적으로 일어난다는 점에 주목할 필요가 있다. 가령 물을 가열하여 온도를 상승시키는 경우에 99℃까지는 별다른 변화가 없다가 100℃가 되어 물이 끓으면서 비

◦ 〈Avoiding a Spanning Cluster in Percolation Models〉,《사이언스》, 2013년 3월 8일자.

로소 상전이가 관찰된다.

공부의 성취 또한 이 같은 형태로 진행된다. 낱개의 지식이 모여 연결망을 형성할 때까지는 일정한 시간이 필요하다. 50점을 받거나 70점을 받거나 지식의 활용도에는 별 차이가 없지만, 100점을 받으면 양상이 달라진다. 100점은 정상분포 곡선의 끝단에 이른 것으로 그다음 단계인 심층 지식으로 넘어갈 준비가 되었음을 의미한다.

무지의 상태를 얼음이라고 한다면 공부는 열을 가해 얼음을 물로 변화시키는 과정이고, 더 나아가 물이 끓어오르는 상태까지 가는 과정이다. 부단히 노력해도 공부의 성취가 없다고 느껴질 때 조금 더 인내하며 공부해야 한다. 물이 끓어오르듯 요동치는 순간이 반드시 찾아올 것이다.

● 물의 '증발'은 100℃ 미만에서도 일어나지만 '끓음'은 100℃가 되어야 나타난다. '증발'은 물의 표면에서만 일어나고 '끓음'은 기포 형성을 통해 물 전체에서 일어난다.

닮고 싶은 욕망이
최고의 동기이다

만약 당신이 그것을 꿈꾼다면, 당신은 그것을 할 수 있다.
· 월트 디즈니 ·

책은 공부하는 사람의 생필품이다. 그래서 공부하는 사람은 서점 또는 도서관에 간다. 책 속에는 배움을 선사하는 수많은 사람들이 살고 있다. 난사람, 든 사람, 된 사람이 있고 엉뚱한 사람, 이상한 사람, 괴팍한 사람도 있고 통달한 사람, 신비한 사람, 초월한 사람도 있다. 그들과 만나다 보면 자연스럽게 나를 돌아보게 된다.

나는 어떤 사람이 되어야 할까?

이는 인생의 품격을 결정하는 중요한 질문이다. 또한 공부하는 이유를 또렷하게 설정하기 위해서 반드시 성찰해야 하는 문제이기도 하다.

나이나 학식, 재물이나 권력이 상대방보다 우월하다고 생각할 때 사람들이 곧잘 내뱉는 말이 있다.

"어린 게, 못 배운 게, 쥐뿔도 없는 게, 감히 뉘 앞에서……."

직접 말로 하지 않더라도 이런 생각을 얼마나 많이 하는지 스스로 진단해 보면, 자신이 권위주의에 물들어 있는지 그렇지 않은지 짐작할 수 있다.

'권위'는 '남을 지휘하거나 통솔하여 따르게 하는 힘'으로 학식이나 덕망이 높은 사람에 대하여 타인이 갖는 존경과 신뢰가 그 바탕이 된다. 그런데 스스로 권위를 내세우고자 하면 그 사람은 권위자가 아니라 권위주의자로 전락하고 만다. 권위주의자는 권위에 대한 애착이 강하므로 젊은 시절에는 성실하고 예의 바른 사람이라는 칭송을 받기도 한다. 규칙을 잘 지키고, 어른을 공경하고, 상사의 지시를 잘 따르기 때문이다.

그런데 자신이 어떤 위치에 올라 권위, 정확히 말해서 권력을 누릴 만하다고 생각되면 젊은 날 자신이 했던 대접을 돌려받고 싶어 한다. 보상 심리가 작용하기 때문이다. 이와 같은 속성은 복종적 지위에서 주도적 지위로 격상되었을 때 '투사적 동일시(projective identification)'의 형태로 나타난다.

투사적 동일시는 자신의 감정을 대상(사람 혹은 사물)에게 투사시켜 그 대상을 억압하거나 통제하려는 시도를 말한다. 예를 들어 "당신, 지금 거짓말을 하고 있지? 나는 당신의 속마음을 다 알고 있어"라고 자신의 경험을 상대에게 투사한 후, 그를 처벌함으로써 자신의 죄의식을 덜어 보려는 시도가 그것이다. 이와 같은 내면의 심리는 졸병에서 고참병으로, 말단 사원에서 임원으로, 학생에서 선생으로, 자식에서 부모로, 며느리에서 시어머니로 신분이 격상되었을 때 외현의 행동으로 드러난다.

하지만 모든 사람이 그와 같은 심리 방어기제의 지배에 묶인 채 살아가는 것은 아니다. 학대를 받은 사람 중에는 그 아픔을 오히려 사랑으로 승화시킨 예도 많다. 학대를 학대로 갚지 않고 사랑으로 승화시키는 사람은, 스스로 주도적인 공부를 하면서 자기를 치유하고 이를 통해 자존감을 회복한 사람이라고 할 수 있다. 그와 같은 치유와 회복, 그리고 성장과 승화는 공부가 가져다주는 귀중한 선물이다.

상대를 깔보는 '무례'는 특정 관계가 아닌, 서로를 모르는 사람들 사이에도 만연해 있다. 예로부터 동방예의지국이라고 불린 우리나라 예절 문화의 핵심을 '겸손'이라고 보는 데 이의를 달 사람은 별로 없을 것이다. 그런데 겸손의 예절이 권위주의의 옷을 입게 되면 상대를 괴롭히는 도구로 쉽게 전락한다. 그래서 작은 지위라도 얻게 되면 이를 내세워 타인에게 겸손을 강요하는 소위 '갑질'도 하게 된다.

갑의 의식을 가진 사람들은 어떻게 상대하는 것이 좋을까? 그들을 응대할 때 가장 강력한 무기는 바로 '포용'이다. 만약 갑을 포용하는 일이 쉽지 않다면, 자기 그릇이 그 사람의 됨됨이보다 크지 않음을 인정할 수밖에 없다.

포용이 물론 쉬운 일은 아니다. 돈과 지위에 연연하지 않는다 해도 그것을 가진 사람들이 그들만의 방식으로 자존감을 세우려고 계속 시비를 걸어올 테니까. 그럴 때 담백한 마음으로 '돈이 많으니까, 지위가 높으니까 솔직히 당신이 부럽다'고 말하면 효과가 있다. 포용, 이것이 시비를 피하고 승리하는 방식이다.

어린 시절로 돌아가서 자신은 어떤 사람이 되고 싶었는지 돌이켜보자. 착한 사람? 똑똑한 사람? 힘센 사람? 아니면 그저 훌륭한 사람? 아마도 부모님은 인간 됨됨이를 강조하면서 남보다 똑똑한 사람이 되기를 은근히, 때로는 노골적으로 바랐을 것이다. 부모의 기대에 처음부터 반항하는 아이는 세상에 없으므로, 누구나 부모가 원하는 사람이 되려고 노력했을 것이다. 그렇지만 '남보다'라는 조건 때문에 늘 힘들었을 것이다.

10대 청년으로서 제2의 탄생을 맞이하면, 세상의 가치가 송두리째 흔들리는 경험을 하게 된다. 사회 지도층이라는 어른들은 죄다 썩어 빠진 듯하고, 돈이 세상을 움직이고 있다는 것을 깨닫게 되면서 그동안 훌륭하다고 믿었던 것이 모두 엉터리라는 생각마저 든다. 부모도 욕심쟁이라는 사실을 알게 되면 실망감은 더욱 커진다. 그래서 어른들의 고정관념이나 편견에 대해 합리적으로, 때로는 충동적으로 항의해 보기도 한다. 그러나 달라지는 것은 별로 없다. 어른들은 합리화의 화신이고, 자식으로부터는 배우려 하지 않기 때문이다.

현명한 청년은 독립인으로 떳떳이 설 수 있을 때까지 공부하며 내일을 기약한다. 여기서 독립이란 경제적 독립이 아니라 정신적 독립을 뜻한다. 정신적 독립을 이루기 위해서는 '어떠한 사람이 될 것인가?' 하는 성취 목표를 잘 설정해야 한다. '난사람'이 되려고 하면 속물에 얽매이기 쉽고, '든 사람'이 되려고 하면 불확실한 지식에 얽매이기 쉽고, '된 사람'이 되려고 하면 타인의 평가에 얽매이기 쉽다.

독립인이란 속박에서 자유로운 사람이다. 권력의 속박에서 자유롭지 못한 사람은 영의정이 되어도 왕에게 쩔쩔매며 살고, 교만의 속박에서 자유롭지 못한 사람은 왕이 되어도 백성에게 돌팔매질을 당한다. 따라서 자유로운 사람이 되려면 통상적으로 어른들이 가치 있다고 여기는 것에 대해 담백하게 생각하는 자세가 필요하다.

생존과 성장을 위한 생명체의 욕구는 대개 무의식적이며 자동화되어 있다. 그러나 인간의 욕구는 여타 생물과 달리 매우 복잡한 양상으로 나타난다. 의식이 작용하기 때문이다. 욕구가 충족되지 않을 때 본의 아니게 무언가 엉뚱한 행동을 하기도 하고, 알 수 없는 불안에 시달리기도 하며, 손해를 보면서도 오기를 부린다. 까닭 없이 슬퍼하거나 기뻐하기도 하고, 때로는 권태와 무기력에 빠져 아무 욕구가 없는 사람처럼 지내기도 한다.

에이브러햄 매슬로(Abraham Maslow, 1908~1970)는 저서 《인간의 동기와 성격(Motivation and Personality)》˙에서 인간의 욕구를 네 단계의 결핍 욕구와 한 단계의 성장 욕구로 구분하였다.

1단계는 '생리적 욕구'로서 먹고, 배설하고, 몸을 움직여 활동하고, 휴식하고, 잠자는 등 생물학적인 항상성을 유지하는 데 필요한 일련의 동물적 욕구를 말한다. 성욕˙˙이나 감각적 쾌락(맛, 냄새, 접촉

● 《인간의 동기와 성격》, 에이브러햄 매슬로 지음, 조대봉 옮김, 교육과학사(1992).
●● 매슬로는 성적인 충동을 항상성으로 설명할 수 없다고 생각했지만, 여기서는 종족 유지를 '확대된 항상성'의 개념으로 간주하였다.

등)의 추구도 이에 속한다.

2단계는 '안전의 욕구'로서 공포나 불안, 혼란으로부터 벗어나려는 욕구를 말한다. 안전은 일관되고 공평하며 미래 예측이 가능해야 하므로 이 욕구는 질서, 법, 제한, 보장 등을 원하는 형태로 나타난다. 주민등록증을 취득하고, 종신 고용이 보장된 직장을 선호하고, 예금이나 연금 혹은 보험에 가입하는 것은 바로 안전의 욕구를 충족하려는 행위로 이해할 수 있다. 어린아이가 가혹한 부모에게 매달리거나, 사람들이 강제적인 권위와 법 혹은 독재자에게 휘둘리는 것도 안전의 욕구에 순응하는 데에서 비롯되는 현상이다.

3단계는 '소속과 사랑의 욕구'로서 동족의 무리에 합류하여 생활하는 군집 동물의 욕구이다. 매슬로는 이 욕구가 '점유권(텃세) 의식'***과 관련이 있고, 애족심, 동지애, 형제애, 가족애로 나타난다고 보았다.

4단계인 '자기 존중의 욕구'는 자기만족과 타인으로부터 인정받고 싶은 욕망으로 나타난다. 이것은 자신의 가치에 대한 확신, 자기 유능감, 남들에게 받는 좋은 평판이나 명예, 권위 등을 향한 욕구이다.

5단계인 '자아실현의 욕구'는 자아의 잠재 욕구를 실현하려는 경

●●● 극작가 로버트 아들레이의 저서 《텃세 본능, 세력권 의식(The territorial imperative)》을 인용하였다.

향성을 말한다. 이 욕구는 4단계까지의 욕구가 어느 정도 만족된 이후에 가능하며, 소수의 사람만이 충족할 수 있다고 매슬로는 설명했다. 또한 그는 자아실현의 욕구를 특별히 메타 욕구(초월적 욕구)로 명명함으로써 4단계까지의 욕구와 차별화하였다.

이상의 욕구 위계 이론은 매슬로가 관찰 연구와 조사를 통해 체계화하였으며 대중들의 평균 욕구를 반영하고 있다. 이를 뒤집어 말하면 어떤 사람들은 예외적인 욕구 위계를 가질 수도 있다는 얘기가 되겠다. 또한 이 욕구 이론은 하위 욕구가 만족된 이후에 상위 욕구가 발현되고 강해진다는 논리에 바탕을 두고 있다. 말하자면 배고픔이 먼저 해결된 다음에야 사랑도 하고 자존심도 추구할 수 있다는 것이다.

생리적 욕구는 자연의 법칙에 따른 동물적 욕구이므로 이를 1단계로 꼽는 데에는 이견이 별로 없다. 그러나 매슬로가 2~5단계로 분류한 안전, 사랑, 존중, 자아실현의 욕구는 그 기준이 명확할 수 없으며, 우선순위도 사회 환경이나 개인의 성향에 의해서 달라질 수 있다.

또한 3단계 욕구로 언급된 사랑은 그 개념이 지나치게 좁게 설정되어 아쉬움을 떨치기 어렵다. 인간은 사랑하는 삶을 영위하기 위해서 안전을 욕망하는 것이고, 존경 또한 사랑의 범주에 포함될 수 있으며, 자아실현 역시 인간과 세상에 대해 사랑을 펼치는 행위이기 때문이다.

한편 매슬로는 인간의 기본욕구를 만족하기 위한 전제 조건 내지 간접 조건으로 자유를 간략하게 언급했지만, 욕구 위계에 포함시키지는 않았다. 이는 자유의 욕구를 상대적으로 소홀히 취급한 것이고, 그 결과 교과서에도 5단계의 욕구만 피라미드 형태의 그림으로 소개하고 있다.

하지만 생명은 기본적으로 결박이나 구속을 거부한다. 벌레나 짐승도 그러하므로 인간이 자유를 지향하는 것은 자연의 섭리이다. 따라서 자유에 대한 욕구는 매슬로가 말한 간접 조건이 아니라 생명체의 목적 동기로 해석하는 것이 합당하다. 많은 사람들이 부와 권력을 원하는 이유도 본질적으로는 타의에 의해 구속되지 않고 자유롭게 살고 싶은 욕구와 기대심 때문이다. 그러므로 자유의 욕구는 다른 모든 욕구에 앞서는 0단계의 욕구라고 할 수 있다.

'알고자 하는 욕구'와 '심미적 욕구' 또한 0단계의 욕구가 될 자격이 있다. 인간은 특별한 이득이 없어도 대상이나 현상을 알려고 하며, 원초적으로 추함보다는 아름다움을 지향하기 때문이다. 곧 지혜와 미(美)에 대한 사랑 또한 인간이 가진 본능적인 욕구이다.

우리는 매슬로의 욕구 이론에 얽매이지 말고, 각자가 설정한 선한 자연의 욕구를 가지고 이를 실천하기 위해 노력해야 한다. 자유·지혜·사랑·나눔의 욕구도 좋고, 자유·정의·진리·용기와 같은 욕구도 좋다. 다만 권력이나 금력에 의존하는 삶은 지양해야 한다. 의존과 자유는 병립할 수 없기 때문이다. 장 자크 루소(Jean-Jacques Rousseau, 1712~1778)는 그의 책 《에밀(Émile)》*에서 자유와 권력의 가치에 대한 명쾌한 답을 다음과 같이 제시했다.

"자신의 의지대로 행하는 사람이란, 무엇을 행할 때 자신의 힘에 타인의 힘을 보탤 필요가 없는 사람이다. 그래서 모든 행복 중 첫째가는 행복은 권력이 아니라 자유라는 결론이 나온다. 진정으로 자유스러운 인간은 자신이 할 수 있는 일만을 원하며 자신의 마음에 드는 일만을 한다."

자신의 욕구가 어디에 머물고 있는지를 이해하고, 이를 조절하고 통제하는 일은 매우 중요하다. 밥 한 그릇이면 만족할 수 있는 욕구인데도 과도하게 집착하느라 많은 것을 소모하고, 미래에 대한 불

● 《에밀》, 장 자크 루소 지음, 민희식 옮김, 육문사(2006).

안에 사로잡혀 강박신경증에 걸리고, 사랑받는 것에 몰입하여 정신병을 앓고, 명예와 권력에 도취되어 소중한 것을 저버린 나머지 허무해질 수도 있는 것이 바로 삶이기 때문이다.

매슬로는 자아실현자로 추정되는 여러 인물**의 인생을 추적한 다음, 아래와 같이 밝혔다.

"자아실현자들의 대표적인 공통점은 지위나 명예, 권력이나 부, 인정과 인기 등에 대한 관심이 거의 없고, 그 대신 진실과 선을 향한 메타 욕구가 강하다는 것이다."

매슬로가 자아실현자로 추정하여 연구한 인물 중에는 노예해방을 이끈 위대한 인물 에이브러햄 링컨(Abraham Lincoln, 1809~1865)이 포함되어 있다. 그런데 그는 정식으로 학교교육을 받은 적이 없고, 비정규직 순회 교사들로부터 약 18개월 동안 수업을 들은 것이 전부였다고 한다. 또한 청년기에는 우체국 일, 뱃사공, 가게 점원, 토지측량 등 다양한 일에 종사한 것으로 알려져 있다. 그는 가족 문제로 우울증을 앓았는데, 그럼에도 불구하고 '정직한 에이브' '장작 패

●● 매슬로가 연구한 자아실현자를 말한다. 매슬로는 상당히 확실한 2명(링컨, 토머스 제퍼슨), 가능성이 높은 7명(아인슈타인, 엘리너 루스벨트, 제인 애덤스, 윌리엄 제임스, 알베르트 슈바이처, 올더스 헉슬리, 바뤼흐 스피노자), 잠재적이거나 가능성이 있는 인물 37명 그리고 무언가 상당히 부족하지만 참고가 되는 현존 인물 5명을 연구하였으며, 그 내용을 《인간의 동기와 성격》에서 밝히고 있다.

는 사람' '위대한 해방자'로 불렸으니 그의 성품이 어떠했을지 짐작할 수 있다. 특히 링컨은 열심히 책을 읽으며 스스로 공부하는 사람이었다고 한다.

공부함에 있어서 닮고 싶은 '롤모델'을 설정하는 것은 매우 중요한 일이다. 과거 대가족제도에서는 친지를 통해서 다양한 배움의 기회를 얻을 수 있었다. 친척 어른이나 형, 누나 들로부터 자연스럽게 세상을 배우는 것이다. 그러나 오늘날의 핵가족은 고립된 섬과 같아서 다양한 배움의 기회를 얻기가 어렵다. 그래서 더욱 롤모델의 필요성이 절실하다. 롤모델이 되는 인물을 직접 대면할 수 없어도, 그의 정신과 행동은 책을 통해 본받을 수 있다. 단, 롤모델을 설정할 때는 생존과 안전의 욕구에 지배받는 인물이 아닌, 사랑과 봉사로 자아실현의 길을 걷는 위대한 인물을 찾아야 한다.

이유 있는 공부가
결과를 만든다

강력한 이유는 강력한 행동을 낳는다.
· 윌리엄 셰익스피어 ·

개(dog)란 무엇인가?

어느 날 개가 어린아이의 얼굴을 핥는다. 아이는 개를 '핥는 것'이라고 느낀다. 개가 아이의 손을 깨문다. 아이는 개를 '핥기도 하고 깨물기도 하는 것'이라고 이해한다. 개가 꼬리를 흔든다. 아이는 개에 대한 인식을 '핥기도 하고 깨물기도 하고 꼬리 치기도 하는 존재'로 재구성한다. 아이는 오감을 통해 개에 대한 정보를 축적해 간다. 코는 축축하고, 뱃살은 보드랍고, 짖는 소리가 시끄럽고, 고기를 좋아하며, 벽에다 오줌을 갈기는 존재가 개라는 것을 차차 알게 된다.

이후로도 아이는 개에 대한 더 많은 경험과 학습을 통해 보다 구체적인 지식을 자신의 기억에 저장하게 될 것이다. 언어교육과 개념 학습이 이루어지면 그에 비례하여 기억의 네트워크가 보다 섬세하고 복잡해진다. 진돗개 품종이라 매우 비싸다든지, 인간과 같은 포유류에 속하지만 고양이와는 과가 다르다든지, 발달한 후각 덕분에 마약 탐지견으로 활약하기도 하고, 반려동물이지만 서커스 재롱꾼으로 심지어는 식재료로 쓰일 때도 있다는 것을 알게 된다. 이러한 학습은 언제까지 지속될 수 있을까? 개에 대해 알 수 있는 한계는 어디까지일까? 개의 생체 구조를 연구하고, DNA를 분석하고, 복제 개를 만들어 냈다면 궁극적으로 개의 본질을 이해한 것일까?

데카르트는 《방법서설》 제2부에서 논리의 규칙을 다음 네 가지로 제시했다.

첫째, 확실히 참이라고 인정된 것만 판단의 근거로 삼을 것(명증성의 규칙). 둘째, 어떤 문제를 가능한 한 작은 부분으로 나누어 생각할 것(분해의 규칙). 셋째, 단순한 것에서 복잡한 것 순으로 생각을 이끌어 갈 것(합성의 규칙). 넷째, 검토할 사항을 빠뜨리지 말고 완벽하게 열거하여 검사할 것(열거의 규칙).

과연 그가 제시한 논리의 규칙대로 탐구하면 개의 본질을 알 수 있을까?

'본질'이란 사물이 가진 총체적인 고유의 성질이다. 그런데 개를 분해하면 본질은 사라지고 속성만 남는다. 젖을 먹고, 온몸에 털이 있고, 온혈동물이라는 개별적 속성만으로는 개의 고유성을 알 수 없다. 또한 모든 속성을 다시 합성한다고 해도 원래의 개가 되지는 못한다. 속성을 재합성하면 개가 고양이로, 얼룩말로 얼마든지 둔갑할 수 있다. 속성을 아주 많이 분석하여 열거한다면 오차 범위가 줄어들기는 하겠지만, 그래도 고유의 개로 되돌리는 일은 불가능하다. 왜냐하면 인간의 오성(五性)으로 알 수 있는 것에는 분명히 한계가 있고, 분해된 속성 자체도 본질적인 것이 아니라 인간의 해석에 의한 것이기 때문이다.

번쩍거리는 금속의 표면에 물을 부었을 때 한 방울도 흡수되지 않고 흘러내리는 것을 보고, 우리는 금속 표면에는 물이 스며들 만한 구멍이 없다고 여긴다. 그러나 우리가 원자 수준의 크기를 들여다볼 수 있는 시각을 지니고 있다면 금속 내부는 텅 빈 공간으로 보일 것이다. 원자 한 개가 축구장 크기라면 원자핵은 콩 한 개의 크기에 지나지 않기 때문이다. 전자의 크기는 그보다 더 작아서 먼지 한 톨이라고 해야 할 것인데, 이렇게 보면 물질도 허공과 거의 다를 바가 없다. 그런데도 사람의 눈에 금속은 빛의 입자조차 통과되지 않는 철벽으로 보이고, 실제로 만져 보아도 엄청 딱딱한 물질로 느껴진다. 이는 전자기적인 장벽에 의해 빛이나 물질이 통과하지 못하기 때문에 빚어지는 일이다.

개를 물리학적으로 분해하면 소립자의 결합물에 지나지 않는다. 그렇다면 소립자의 성질을 규명하면 개의 본질을 이해하는 데 도움이 되지 않을까?

과학자들은 세상의 물질이나 물리적 현상의 상호작용을 설명하기 위해 소립자 표준 모델을 만들었다. 그리고 소립자의 특성에 따라 쿼크(quark), 렙톤(lepton), 보손(boson) 등으로 이름을 붙였는데, 세간의 이목을 집중시켰던 힉스 입자(higgs boson)도 그중의 하나이다. 이 표준 모델은 고등학교 1학년 과학 교과서에 상당한 분량으로 소개되어 있지만, 아직 미완성이며 불완전하다. 그리고 우주의 구성 성분 중 소립자 표준 모델로 설명할 수 있는 원자 물질은 겨우 4.6퍼센트뿐이다. 나머지 95퍼센트는 암흑 물질(23퍼센트)과 암흑 에너지(72퍼센트)가 차지하는 것으로 나타났는데, 그 정체에 대해서는 과학자들도 아직 알지 못한다.

결국 개의 본질은 소립자로 분해해도 알 수가 없다. 그렇다면 원점으로 돌아가서 개는 그냥 개로 이해할 수밖에 없는 것인가?

● 감마선이나 엑스선처럼 파장이 짧은 빛은 얇은 금속을 뚫고 지나갈 수 있고, 전자기적 성질이 없는 중성미자는 지구와 같은 덩어리도 허공과 다름없이 통과할 수 있다.

발상을 전환하면, 공부의 끝은 새로운 공부의 시작이다. 우주의 본질이 따로 있는 것이 아니라, 우리의 이성이 우주의 본질을 규정하고 구성해 나간다는 새로운 인식이 필요하다. 그리고 이 같이 생각하는 과학자들이 세계 도처에서 이미 연구 활동을 하고 있으며, 이들은 수학적인 접근을 통해 새로운 우주론을 설계하고 있다.

공부의 끝은 멀리 있지 않다. 오늘 자신이 생각한 것이 공부의 끝이다. 그리고 내일 다시 시작하는 공부로 세상의 본질을 새롭게 창조해 나가는 것이다. 덧셈을 익히면 덧셈의 세상이 되고, 곱셈을 익히면 곱셈의 세상에서 살게 되는 것이니, 매일 하는 공부로 세상의 지평을 넓혀 가는 것이다. 놀이터가 아주 많은 동네에 산다면 지겨울 새가 없을 것이다. 공부도 그와 마찬가지여서 지식의 영역이 넓어지면 두뇌는 지루함을 느끼지 못한다. 새롭게 배우는 것으로 인해 인생이 그만큼 즐거워지는 것이다.

그런데 두려움이 즐거움을 방해한다. 사람이 가장 두려움을 느끼는 대상은 뱀이나 벌레일 수도 있고, 귀신이나 악마일 수도 있고, 역병이나 죽음일 수도 있다. 영화 〈부시맨(The Gods Must Be Crazy)〉의 주인공은 부락 위를 날던 비행기에서 떨어진 콜라 병을 신령한 물건으로 알고 두려워하며 엎드려 절하기도 한다. 귀신, 악마, 역병, 죽음, 그리고 콜라 병……. 그런 것이 주는 두려움은 '알지 못함'에서 비롯된다. 그와 같은 것은 대개가 실재하지 않거나, 실재하지만 정체가 무엇인지 알 수 없다. 공포와 두려움은 인간의 정서를 지배하고 뒤흔들기 때문에 이를 물리치지 못하면 진정한 자유는 찾아오지 않는다. 공포와 두려움을 떨쳐 낸 사람들에 의해 지배를 당하거나 스스로를 속박하며 살게 되는 것이다.

어떤 대상이나 현상이 실재하는지, 실재한다면 그 본질은 무엇인지 알고자 하는 것은 공부하는 또 하나의 중요한 이유가 된다. 앎으로써 두려움이 사라진 자리에는 평온함이 깃든다.

즐겁고 평온하면 세상이 더 아름다워 보이고 사람들이 사랑스럽게 느껴지는 법이다. 여기에 더 무엇을 바랄 것인가? 이것만으로도 공부를 해야 할 이유는 충분하다.

공부를 통해 세상과 사람에 대한 사랑이 깊어지면 어떤 일의 결과나 그 일이 지닌 가치도 달라진다. 그 전에는 별것 아니라고 생각했던 일들이 얼마나 소중한지 알게 되고, 새로운 지향점도 찾을 수 있으며, 전과는 다른 눈으로 세상을 바라보게 된다. 자유와 사랑이 멀리 있지 않음을 깨닫는 것은 참 멋진 일이다.

1장.
진짜 공부에
대하여

무지와 편견으로 빚어진 많은 문제들을 해결할 수 있는 것은 그래도 학문밖에 없다.

명심해야 할 것은 지식의 파편을 넓은 안목으로 융합하지 않으면

지식이 쓸모없는 것으로 전락하고 만다는 점이다.

통합과 융합의 과정에는 여러 사람의 협력이 필요하다.

독단으로 할 수 있는 것은 아무것도 없다.

나의 무지와 편견을 극복하는 데에 조금이라도 도움이 되는 것이라면

늘 겸손한 자세로 배우고 생각해야 하는 이유가 여기에 있다.

학업 스트레스를 줄이는
사고의 전환

학습은 의도하지 않아도 일어난다. 부딪히면 아프고, 다리미를 만지면 뜨겁고, 떨어뜨리면 깨진다는 것을 경험하는 일이 곧 학습이다. 여기에서 한발 더 나아가 '왜 아플까?' '왜 뜨거울까?' '왜 떨어지고 깨질까?'라는 의문이 생겼을 때, 이에 대한 답을 얻고자 탐구하는 과정이 적극적 학습이자 공부이다.

공부는 일상의 관찰과 경험에서 시작하여 종합적 사고를 형성해 나가는 것이 자연스럽다. 블록을 하나하나 쌓으면서 전체의 형상을 만들어 가는 작업이 즐거운 것처럼, 공부도 이와 같이 하면 즐겁지 않을 수가 없다. 과학자들이 세상의 비밀을 하나씩 풀어 가는 과정도 이 같은 귀납적 방식이다.

그런데 교과서를 중심으로 공부할 때는 많은 경우 위와 같은 절차를 따르지 못한다. 개념이나 법칙이나 공식을 학습한 후에, 그에 맞는 사례가 있는지 조사하거나 문제를 풀어 나가는 수업은 연역적 방식이다. 학업 성취 평가를 위한 객관식 문제는 단어를 살짝 바꾸거나 문장을 비틀어 아리송하게 출제된다. 덤벙대면 함정에 빠지기 일쑤이다. 이 과정에서 곧잘 강박증에 시달리게 된다. 미세한 구멍을 찾느라 골몰하다 보면 어느덧 시야가 좁아져서 큰 그림을 잘 볼 수 없게 된다.

학교 수업은 국어·영어·수학·사회·과학을 잘게 쪼갠 후 뒤섞어 학습하는 형태로 진행된다. 여러 편의 영화를 각각 5분 단위로 끊어 뒤섞어 놓은 뒤 감상하는 셈이다. 그래서 인상적인 장면 몇 개쯤 기억에 남을지는 모르겠지만, 내용을 이해하기는 힘들다. 하여 미적분을 배우고 확률 통계를 배워도 조각난 지식만 남게 될 뿐, 그 쓰임새를 알기 어려운 것이다.

무엇인가를 배우고 깨우치는 속도가 늘 일정할 수는 없다. 그래서 때로는 더디게 때로는 빠르게 학습의 단계를 넘어가기도 한다. 그 과정에서 잘 몰랐던 어떤 개념과 원리를 절반 정도 깨우쳤다면 양호한 것이다. 그리고 계속 공부한다면 나머지 절반도 채워질 날이 온다.

그런데 반쯤 깨우쳤을 때 시험을 보게 되었고, 50점을 받았다고 가정해 보자. 주변에서 잘했다고 칭찬하는 사람이 누구라도 있다면 참 좋을 것이다. 그러나 학교에서는 꾸지람을 듣지 않으면 다행이고, 낮은 등급의 성적표까지 받는 날에는 그야말로 기운이 쑥 빠진다. 그렇지만 진정으로 배우고자 한다면 이와 같은 상황에서도 의연할 필요가 있다.

학교 성적이 좋지 않았던 위대한 인물들은 셀 수 없이 많다. 영국의 왕세자비였던 다이애나 스펜서는 고등학교를 중퇴하고 요리사 수업을 받았으며, 애플사의 창립자인 스티브 잡스는 듣기 싫은 수업에 아예 출석조차 하지 않았다고 한다.

허나 이 같은 적극적인 회피 방법을 학생들이 무작정 따라 할 수는 없는 일이다. 이처럼 별난 선택은 학교에 의존하지 않고도 개인 교육을 받을 수 있거나, 실현 가능성이 충분한 나름의 인생을 설계한 경우에나 가능하다. 또한 주위 사람들의 우려나 비난에도 흔들리지 않을 강한 소신이 있어야 한다.

독립할 수 있는 청년이 될 때까지 학교에서 교육을 받는 것은 세계 공통의 공부 과정이나 다름없다. 학교는 곧잘 압박감을 느끼게 만들지만, 자신이 처한 상황에서 불편한 것을 잘 참고 이겨 내는 것도 성장의 한 과정이므로 이를 슬기롭게 견뎌 내는 것이 필요하다.

탄력성이 강한 스타킹은 잘 찢어지지 않으며 길게 늘어나도 곧 원상으로 회복된다. 그에 비해 탄력성이 약한 휴지는 잘 찢어지고 본래대로 돌아가는 힘도 매우 약하다. 사람이 스트레스를 견디는 힘도 그와 같아서 개인차가 있다. 또한 동일한 일에 대해서도 그날의 기분에 따라서 짜증이 나기도 하고 때로는 웃음으로 넘길 때도 있다.

스트레스 탄력성은 타고난 성격과 기질의 영향을 받지만, 사고방식의 전환을 통해 한결 유연해질 수 있다. 학교에서 스트레스를 많이 받는다면, 우선 '학교가 공부이고, 공부가 학교'라는 관념부터 벗어 버릴 필요가 있다.

현재 인류가 배우고 익히는 기초 학문의 내용 대부분은 정식 학교를 다닌 적이 없는 고대인들이 이룩하였다. 옛사람들은 구전을 통해 배우고, 귀한 책을 얻으면 필사해서 간직하고, 때로는 광장에서 토론하고, 스승을 찾아 배움을 청하기도 하면서 학습하였다. 선조들의 공부 방식은 그만큼 자기 주도적이었던 것이다. 그에 비해 오늘날 우리의 공부 방식은 지나치게 기관(학교나 학원) 의존적이다.

의존적인 자세는 개인의 성장을 방해하는 큰 걸림돌이다. 그러한 자세는 타인의 평가나 비판에 매우 취약한 상태를 만들기 때문이다. 그래서 훈계나 꾸지람을 들으면 깊이 상심하여 어쩔 줄 모르게 된다. 그러므로 자기 주도적인 공부의 태도를 견지함으로써 의존적인 배움의 자세를 버리도록 힘써야 한다.

만약 학생을 부정적으로 평가하고 멸시하는 태도를 취하며, 학생 위에 군림하려는 교사가 있다면 그에게 의존하지 마라. 학교가 아닌 거리에서 만난 낯선 사람일지라도, 그의 행동에서 배울 점이 있다면 그 사람이 그날의 스승이다.

아울러 성적 등급에 지나치게 예민해지지 않도록 노력해야 한다. 지나친 경쟁심은 신체와 두뇌의 활동을 방해하기 때문이다. 필즈상을 받은 일본의 수학자 히로나카 헤이스케(広中平祐, 1931~)는 '나는 고등학교 때 평범한 학생이었다. 때로는 체념도 필요하다. 경쟁자에 대한 질투는 오히려 목표의 초점을 흐리게 한다'고 그의 책*을 통해 고백했다. 시험도 운동경기와 같아서 긴장하면 경직되기 쉽고, 신체화 장애**에 시달릴 수도 있다. 시험 때마다 배가 살살 아픈 것

● 《학문의 즐거움(學文の發見)》, 히로나카 헤이스케 지음, 방승양 옮김, 김영사(2001).
●● 뚜렷하게 어디가 아프거나 병이 있는 것도 아닌데 병적 증상을 호소하는 것으로, 브리케 증후군(Briquet syndrome)이라고도 한다.

은 신체화 장애의 대표적인 증상이다.

실수는 대개 실수할 것을 걱정하기 때문에 발생하므로 대범해질 필요가 있다. 또한 시험을 앞둔 상황에서 긴장하지 말자고 다짐에 다짐을 거듭하는 행위도 바람직하지 않다. 긴장해야 마땅한 상황에서 감정을 억압하면 오히려 반작용이 일어나는 경우가 많기 때문이다. 대신 "약간만 긴장하자"고 자기에게 속삭이자. 기분이 훨씬 편안해진다.

속박은 불편하고 울적한 것이다. 음식을 먹거나 잠을 자거나 옷 입는 일을 누군가의 지시에 따라야 한다면 즐겁지 않듯이, 교과서가 의도한 대로 생각하고 시험문제의 정답을 찾기 위해 끙끙대는 공부, 성적에 연연하는 공부는 속박으로부터 자유롭지 못한 탓에 진정한 즐거움이 없다. 그래서 더욱 자기 주도적인 공부가 필요하다.

자기 주도적인 공부를 할 때, 합리적 사고와 비판적 사고를 향상시키고자 한다면 과학과 철학을 공부하는 것이 유용하다.

창조적 생각은 비판적 생각의 토대 위에서 피어난다. 불변의 믿음이었던 천동설이 무너지고, 상대성이론에 의해 시공의 개념이 뒤바뀌고, 양자역학에 의해 모든 것이 불확정적인 것으로 변한 것은 바로 속박으로부터 벗어난 비판적 생각을 통해서이다. 과학 문명의 발전이 인간에게 좋은 것인지 나쁜 것인지는 쉬이 판단할 수 없지만, 적어도 현대 과학의 영역에서는 상식의 임계선 같은 것을 두지 않기에 자유를 만끽할 수 있고, 학문의 즐거움과 기쁨을 한껏 누릴 수 있다.

인류에게서 과학이라는 문명의 영역을 삭제한다 하더라도 자연으로서의 사람은 남고, 생각하는 존재인 사람은 묻는다.

"나는 왜 태어났을까?" "너와 나는 다른 존재인가?" "왜 사랑하는가?" "산다는 것은 무엇인가?" "죽음은 끝인가 시작인가?"

이런 철학적 물음도 비판적이고 합리적인 사고력을 북돋우며, 창조적 생각의 자양분이 된다.

학생들이 학교 공부를 재미없어 하는 것은 이러한 '생각하기 공부'가 빠져 있는 것에 상당한 이유가 있다. 또한 학생들은 학교 공부를 즐기지 못하는 것이 자신의 탓만은 아니므로 자책감에서 벗어날 필요가 있다. 날이 추운 것은 겨울이기 때문이다. 이를 자기 탓이라고 생각하면 무력해지기 쉽고, 무기력증에 매몰되면 정작 봄이 되어 날이 풀려도 다시 맥을 추스르기 어렵다.

무엇을 모르는지
먼저 점검하라

교육은 암기를 얼마나 열심히 했는지, 혹은 얼마나 많이 아는지가 아니다.
교육은 아는 것과 모르는 것을 구분할 줄 아는 능력이다.
· 아나톨 프랑스 ·

신학기 초 한문 시간, 학생들이 제비 새끼처럼 합창하면서 즐겁게 글을 배운다.

"지지위지지(知之爲知之), 부지위부지(不知爲不知), 시지야(是知也)."

한문을 가르치는 김 선생님이 낭랑한 목소리로 그 뜻을 풀이해준다.

"아는 것을 안다고 하고, 모르는 것을 모른다고 하는 것이, 바로 아는 것이다."

공자(孔子)가 제자인 자로(子路)에게 준 이 가르침은 가식과 허세를 버리는 것이야말로 진정한 지성임을 말하고 있다. 아울러 '불치

하문(不恥下問)'이라, 그는 배움에 있어 아랫사람에 묻기를 부끄럽게 생각하지도 않았다고 전해진다.

그런데 이러한 가르침을 2,500년 뒤의 후손들, 바로 우리가 제대로 실천하지 못하고 있는 것은 왜일까? '소통의 부재'에 대한 불평이 가득한 사회에서 자신이 알거나 모르고 있는 바를 툭 터놓고 말하는 것이 그렇게 두려울까? 그와 같은 조심성은 책임질 일 많은 실무에서라면 모를까, 학습 과정에서는 전혀 쓸모없거나 오히려 방해물로 작용한다.

'학습(學習)'이라는 한자어에는 배움에 대한 표상이 담겨 있다. 손톱 조(爪), 산가지 효(爻), 움집 면(宀), 아들 자(子)의 부수로 조합된 '학(學)'은 아이들이 학교에서 셈하는 나뭇가지를 들고 배우는 모습을 나타내고 있고, 깃 우(羽)와 일백 백(百)자로 이루어진 '습(習)'은 새가 날기 위해서는 백 번의 날갯짓이 필요하다는 의미를 담고 있다. 퍼덕거리다가 굴러떨어지는 일을 반복한다 하더라도 두려워하지 않아야 창공을 날 수 있지 않겠는가?

그런데 우리가 아는 것을 안다 하고, 모르는 것을 모른다고 분명히 말하지 못하는 것에는 타인이 나를 어떻게 평가할까 하는 두려움보다 더 본질적인 이유가 있다. 그것은 내가 알고 있는 것이 정녕

바로 알고 있는 것인지, 또한 무엇을 얼마나 모르고 있는지 제대로 알 수가 없기 때문이다.

블랙홀과 웜홀, 중력과 시간이라는 과학 이론을 모티프로 제작된 영화 〈인터스텔라(Interstellar)〉는 우리나라에서 천만여 관객을 불러들이며 집중 조명을 받았다. 아마 관객 대다수가 영화를 보기 전에는 시간과 공간의 상대적 개념에 대해 생각해 본 적이 별로 없었을 것이다.

"아이슈타인의 상대성이론에서 불변인 것은 광속(C)뿐이고, 시간은 움직이는 관측자의 속력에 따라서 느려집니다. 또한 공간은 중력에 의해 수축되고 휘어지고요. 질량이 없는 빛이 블랙홀로 빨려드는 이유는 공간이 블랙홀 중심으로 휘어져 있기 때문입니다."

이과 학생의 이와 같은 설명에 문과 교사들은 들어도 이해되지 않는다면서 머리를 절레절레 흔들었는데, 아마도 이 순간 무지(無知, 무엇을 모르는지도 모르는 상태)에서 무지(無智, 무엇을 모르는지는 아는 상태)로 전환될 때 느끼는 묘한 기분을 체험했을 것이다.

배움에도 단계가 있다.

첫 단계는 무지(無知)에서 출발한다. 무지(無知)는 무엇을 모르고 있는지조차 모르는 상태로, 태아에서 젖먹이 어린아이까지는 모두

이 단계에 있다고 할 수 있다. 아기는 생존의 본능대로 먹고 싸고 자는 일에 몰두하지만 자기를 보살피는 사람이 누구인지, 어떤 행동을 하면 자기에게 유리한지를 스스로 학습한다. 그래서 까르르 웃기도 하고, 슬픈 표정을 짓기도 하고, 화내는 법을 연습하기도 한다. 난자와 정자, 단지 세포에 불과했던 존재가 태어난 지 10개월만 지나면 엄마 아빠라는 언어를 구사하게 되니, 아기는 모두 학습의 천재라고 할 수 있다.

두 번째는 지식과 지혜가 없음을 자각하는 무지(無智)의 단계이다. "하늘은 왜 파랄까?" "왜 설탕은 달고 소금은 짠 거지?" "낮과 밤은 왜 생길까?" 하는 궁금증이 부쩍 늘기 시작하는 아동기가 이 단계에 해당한다. 이 시기는 배움의 떡잎을 피우는 단계라 할 수 있기 때문에 충분한 햇빛과 양분이 주어진다면 학습 발달 속도가 인생의 그 어느 시기보다 빠를 수 있다. 때문에 유치원에서의 애정적 돌봄 교육은 아이의 성장 발달에 중요한 역할을 한다.

그다음 세 번째는 편견(偏見)의 단계이다. 이 단계에서는 부모의 의식을 자신의 것으로 내면화하거나, 자신이 속한 사회의 문화와 집단의식을 수용함으로써 배움이 진행된다. 남녀칠세부동석이라든지, 어른에게 존댓말을 써야 한다든지, 지위가 높은 사람을 존경해야 한다든지 하는 규칙과 관습을 배우며 어학과 문학, 수학과 과학, 공작과 예능도 배우게 된다.

이 단계에서의 배움은 심한 갈등을 겪으며 진행된다. 교육이나 학습을 통해 알게 되는 저마다의 가치가 편견의 속성을 가지고 있기 때문이다. 세상의 모든 가치가 수시로 충돌하여 깨지거나 뭉개져 버리곤 할 때, 배움은 혼란스럽고 회의와 좌절의 소용돌이에서 쉽게 벗어나지 못할 수도 있다. 이 과정에서 더 이상 배우기를 포기하면 정신의 자유를 획득하는 일은 요원해진다.

네 번째로는 통합(統合)의 단계이다.

통합은 지속적인 공부를 통해 알게 된 편견과 편견을 조합하여 자신의 것으로 만드는 일이다. 내 머리로 그게 가능한 일인가 의심할 필요는 없다. 인간은 생각하는 존재이므로 누구나 철학자이며, 자신의 감정이 말하는 소리를 들음으로써 바람직한 통합을 이끌어 내는 능력을 가지고 있기 때문이다.

무엇인가를 깨닫게 되었을 때 즐거움, 기쁨, 행복, 사랑과 같은 긍정적 감정이 전류처럼 흐른다면 그 깨달음은 좋은 것이다. 불쾌, 불안, 초조, 미움, 두려움, 증오, 허무와 같이 부정적인 감정이 든다면 그것은 잘못된 통합이다. 감정은 타인과 동조°하는 특성이 있기 때문에, 긍정적 감정에 충실하여 내린 통합은 나와 너 그리고 모두에게 이로운 것이 된다. 다만 통합에 완성이라는 것은 없다. 텃밭을 가꾸듯이 공들여 가며 더 바람직한 쪽으로 생각을 수정해 나가야 할 뿐이다.

자신이 무엇을 모르고 있는지 아는 사람은 사회시스템의 기능성을 높이는 데 크게 기여한다. 무엇을 모르고 있는지를 앎으로써 지성(知性)을 흠모하고 추앙하게 되기 때문이다. 아울러 배움의 성취가 한 단계 도약할 수 있을 때까지 노력할 수 있는 인내심도 가지게 된다. 노자(老子)는 이를 두고 '지부지상(知不知上)'이라 하였으니, 바로 '모르고 있음을 깨닫는 것이 으뜸이다'라는 가르침이다. 평생을 공부해도 아는 것보다 모르는 것이 더 많겠지만, 개인의 지식이 모여 인류의 지식이 되고 이러한 일은 후대에도 계속 이어질 것이므로 기쁘게 공부해야 한다.

● 《동시성의 과학, 싱크 SYNC(SYNC: How Order Emerges from Chaos in the Universe, Nature, and Daily Life)》, 스티븐 스트로가츠 지음, 김현욱 옮김, 김영사(2005). 반딧불이 약속이나 한 듯이 동시에 발광하는 현상을 동조의 예로 들 수 있는데, 이를 연구하는 과학자들은 동조가 범우주적인 것으로 생각하고 있다.

자유로우려면
공부 앞에 겸손하라

배움이 없는 자유는 언제나 위험하며 자유가 없는 배움은 언제나 헛된 일입니다.
· 존 F. 케네디 ·

2014년도 박경리문학상 수상자로 결정된 베른하르트 슐링크
(Bernhard Schlink, 1944~)는 소설《책 읽어 주는 남자(Der Vorleser)》[•]를
통해 편견과 광분의 사회에서 무지(無知)와 무지(無智)가 얼마나 고
통스럽고 절망스러운 일인가를 잘 그려 내었다. 이 소설은 영화 〈더
리더(The Reader)-책 읽어 주는 남자〉[••]로도 제작되어 관객의 호평
을 받았다. 영화에 대한 감상을 인터넷에 올린 누리꾼들의 화두는
'주인공은 왜 자살했는가?'에 관한 것이었다. 이에 대한 의견은 크

• 《책 읽어 주는 남자》, 베른하르트 슐링크 지음, 김재혁 옮김, 시공사(2013).
•• 스티븐 달드리가 감독을, 케이트 윈슬렛이 주연을 맡은 영화로 2008년에 개봉하였다.

게 두 가지로 갈리는데, 하나는 '수치심과 절망'이고, 또 다른 하나는 '깨달음과 속죄'이다.

작품의 배경은 제2차세계대전이 끝난 1950년대 독일의 어느 도시이다. 병에 걸려 허약해진 열다섯 살의 소년 미하엘이 학교에서 돌아오는 길에 구토를 하고, 서른여섯 살의 여인 한나가 그를 도와준다. 이렇게 맺어진 인연은 에로틱한 연인 관계로 발전하는데, 성관계를 맺을 때마다 한나는 미하엘에게 책을 읽어 달라고 요청한다. 그러던 어느 날 자신의 과거에 대해서는 침묵할 뿐이던 한나가 홀연히 사라지는데…….

그로부터 8년 뒤, 법대생이 된 미하엘은 홀로코스트와 관련한 재판 도중 피고석에 앉아 있는 한 무리의 여인들 속에서 한나를 발견한다. 여인들은 제2차세계대전 당시 유대인 강제수용소의 여자 감시원으로 함께 근무했던 동료들이었다. 그녀들은 유대인 여죄수들을 임시로 가두어 둔 교회 건물이 폭격을 받아 화재가 났음에도 불구하고, 밖에서 잠근 문을 열어 주지 않아 죄수들을 모두 불타 죽게 한 혐의를 받고 있었다. 다른 피고들은 모두 혐의를 부인하지만, 한나는 당시 상황에 대해 거짓 없이 고한다. 너무도 솔직한 한나의 태도에 화가 난 동료들은 그녀를 주모자로 몰기로 작당하고, 증거물로 제시된 당시 보고서를 한나가 쓴 것이라고 덤터기를 씌운다. 결국 법정은 한나에게 필체 대조를 요구하는데, 한나는 돌연 자신이 그 문서를 쓴 것이라고 인정하며 백기를 든다. 그러나 이는 진실이 아니었다. 한나는 글씨를 읽지도 쓰지도 못하는 문맹이었기 때문이다. 결국 그녀는 법정으로부터 무기징역을 선고받고 수감 생활을 시작한다.

한편 미하엘은 동료 법학도와 결혼하였으나 5년 뒤 이혼하게 되고, 그 후로도 몇 명의 여인을 사귀어 보지만 번번이 헤어지고 만다. 그의 내면에 형성된 이상형의 여인은 한나였던 것이다. 법정에서 한나를 목격한 미하엘은 과거를 회상하다가 그녀에게 읽어 주었던 책들을 다시 꺼내 육성 녹음을 시작한다. 그리고 녹음테이프를 수감 중인 한나에게 하나씩 소포로 부친다. 녹음테이프를 받아 든 한나는 교도소 도서관에 부탁하여 녹음된 것과 동일한 책을 구한 후, 음성과 글자를 비교해 가며 스스로 글을 깨우치기 시작한다.

4년 뒤, 한나는 '꼬마야, 지난번 이야기는 정말 멋졌어. 고마워'라는 짤막한 편지를 미하엘에게 보낸다. 이후로도 한나의 편지는 가끔씩 그에게 보내졌지만, 미하엘은 단 한 번도 답장을 하지 않고 녹음테이프만 보낸다. 미하엘은 그것이 그녀와 자신만의 사랑법이라고 생각한 것이다.

다시 10년이 흐른 뒤, 한나에게 사면 허가가 떨어진다. 석방 일주일 전, 미하엘은 복잡한 심정으로 한나를 면회하는데, 가식과 진심이 섞인 짧은 대화를 나누고 돌아온 미하엘은 밤잠을 설친다. 노파 냄새를 풍기는 그녀를 현실로 받아들여야 한다는 사실에 깊은 불안을 느꼈기 때문이다.

한나는 석방 예정일 새벽에 목을 매어 자살한다. 그녀의 유서에는 7,000마르크의 재산을 화재에서 살아남은 유대인 생존자에게 전해 주라는 내용만이 쓰여 있을 뿐이었다.

《책 읽어 주는 남자》는 미하엘의 회상에 의해 전개되는 1인칭 시점의 소설이므로, 그의 정서를 파악하기가 쉽다. 미하엘은 한나를 사랑했지만, 그녀의 과거 모습만을 벽감(壁龕)˙에 담아 두려 했다. 더 이상 문맹이 아닌 그녀에게 편지 한 통 쓰지 않고, 책을 읽어 녹음하는 일을 종교의식처럼 10년 이상 계속했다. 남녀의 사랑이라는 관점에서 본다면, 죄를 지은 연상의 여인을 온전히 사랑하지도 떨쳐 내지도 못한 주인공이 그녀에게 수치심과 절망을 안겨 줌으로써 비극적인 결말에 이르게 한 것으로 해석할 수도 있다.

● 벽면을 오목하게 파서 만드는 장식용 공간이다.

그러나 문맹이었던 그녀와, 책을 통해 깨우친 그녀는 서로 다른 사람이라는 것에 주목한다면 해석이 달라진다. 한나는 책 읽기를 통해 책의 정신도 함께 배웠을 것이기 때문이다.

소설은 한나가 강제수용소에 관한 책이라면 무조건 구해 읽은 사람으로 그리고 있다. 또한 그녀는 다른 수감자들과 교도소장이 존경할 정도의 인품을 닦은 사람으로 묘사되어 있다. 그러므로 미하엘이 자신을 과거의 문맹자처럼 대했다는 사실에 절망하여 목숨을 끊었다고 보는 것은 안일한 감상일 수 있다. 그렇다면 한나의 자살은 깨우침과 속죄의 의미로 해석하는 편이 훨씬 자연스러울 것이다.

한편 거시적인 관점에서 역사적 사건과 연결하여 보면, 문맹인 한나는 나치 독일을 상징하고, 미하엘은 전후 세대의 독일을 상징한다. 소설의 말미에 "그녀 스스로 포기했다는 것은 잘못 말한 거예요. 그녀는 자신의 위치를 새롭게 정의한 거예요"라는 교도소장의 증언이 나온다. 이로부터 그녀의 자살은 과거 청산을 상징하는 것으로 이해될 수 있다. 그녀가 남긴 7,000마르크는 유대인에게 전달되고 문맹 퇴치를 위한 기금으로 쓰이게 되는데, 이는 과거사에 대한 보상을 상징하는 것으로 볼 수 있기 때문이다.

해석에 유일한 정답이란 존재하지 않는다. 다만 그 해석이 내포

하고 있는 논리의 타당성을 검토할 수 있을 뿐이다. 그런데 아무리 타당한 논리라 해도 근거 자료의 신뢰성을 확보하지 못하면 그 논리는 의미를 잃게 된다. 만약 신뢰성 확보를 위해 자료를 조작한다면 그것은 논리가 아니라 사기가 되어 버린다. 조작된 논리는 실제보다 더 그럴듯하기 때문에 사람들을 미혹시킨다.

'내가 얼마나 무지(無知)한가'에 대해서 아는 사람은 아무도 없다. 인류의 지식은 수많은 천재들에 의해 수정되기를 거듭하여 왔지만, 베르너 하이젠베르크(Werner Heisenberg, 1901~1976)의 '불확정성의 원리'에 이르러 인간의 인지 방식으로 알 수 있는 것은 안개와 같은 모호함뿐이라는 것을 어렴풋하게나마 알게 되었다. 그리고 20세기의 철학자 루드비히 비트겐슈타인(Ludwig Wittgenstein, 1889~1951)은 언어로 이해되지 않는 세계에 대해서는 입을 다물자고 했다.

반면 '내가 얼마나 무지(無智)한가'에 대해서는 도서관 열람실에 서 있을 때 피부로 느낄 수 있다. 무지(無智)는 인류의 축적된 지식에 대해서 내가 모르고 있는 것을 의미한다. 이는 무지(無知)보다는 상대적이고 좁은 의미의 무식이다.

보통 우리는 무지(無智)한 것에 대해서 고민한다. 그래서 글을 배우고, 산술을 익히고, 악기와 춤과 운동을 연마하기 위해 학교와 학원과 도서관에 간다. 또한 가족과 친구, 이웃과 친지, 스승과 제자

등 나를 둘러싼 모두로부터 배운다.

그렇지만 그들 역시 불완전하며 무지와 편견에서 자유롭지 못하므로 가르침과 배움의 과정에는 여백이 필요하다. 이것은 맞고 저것은 틀렸다는 흑백논리식 지식을 비판 없이 따라서는 안 된다는 뜻이다. 학벌이나 지위, 명예 따위를 성취했을 때 갖기 쉬운 오만과 편견은 특히 큰 위험 요소를 안고 있다. 이는 운전 좀 한다고 자부하기 시작할 무렵 저지르는 교통사고처럼 여러 사람에게 막대한 피해를 입힐 수도 있다. 히틀러는 탁월한 웅변 솜씨로 나치 독일의 총통이 되었고, 1939년에는 노벨평화상 후보에 오르기도 했다고 알려져 있다. 그러나 그는 자신의 편견에 대한 광적인 집착으로 세계인에게 참혹한 상처를 입혔다.

천재라고 불렸던 과학자와 발명가 들은 오늘날의 과학 문명 세계를 구축하는 데 선봉에 선 사람들이다. 그러나 그들 대부분은 자신의 행위가 어떤 결과를 가져올지 잘 알지 못했다. 내가 중학생이었을 때, "미래에는 물도 사 먹게 될 거야"라는 과학 선생님의 말에 학생들이 모두 배꼽을 잡고 웃었던 기억이 난다. 당시에는 집집마다 맑은 물이 펑펑 쏟아지는 우물이 있었으니 그 말이 황당하게 들릴 수밖에 없었다. 그러나 동네에 공장 몇 개가 들어서는가 싶더니, 몇

년 지나지 않아 주변의 산천초목을 모조리 말려 죽이고 말았다.

인류는 도시와 공장을 건설함으로써 지구온난화를 초래했고, 이로 인한 생태계의 파괴가 소행성의 지구 충돌에 버금가는 속도로 진행되고 있다. 남극의 얼음이 모두 녹는다면 세계의 해수면이 60미터나 상승하여 해안 도시는 모두 사라질 텐데도 사람들은 그 심각성을 잘 모른다. 엄밀히 말해 인간이 만들어 내는 모든 생산품은 미래의 쓰레기에 지나지 않는다. 시멘트로 버무리거나 쇳덩이로 만들었다 해서 백 년 천 년 가는 것은 아무것도 없기 때문이다. 더욱이 태울 수도 없고 우주에 내다 버릴 수도 없는 원자력 폐기물은 이미 그득하게 쌓여 이제 보관할 장소마저 없는 상태이다.

무지와 편견으로 빚어진 많은 문제를 해결할 수 있는 것은 그래도 학문밖에 없다. 명심해야 할 것은 지식의 파편을 넓은 안목으로 융합하지 않으면 쓸모없는 지식으로 전락하고 만다는 점이다. 통합과 융합의 과정에는 여러 사람의 협력이 필요하다. 독단으로 할 수 있는 것은 아무것도 없다. 나의 무지와 편견을 극복하는 데 조금이라도 도움이 되는 것이라면 늘 겸손한 자세로 배우고 생각해야 하는 이유가 여기에 있다.

지식이
지혜를 부른다

많은 공부와 지식이 곧 지혜로 연결되는 것은 아니다.
· 헤라클레이토스 ·

일에 직면하여 우리는 네 가지 상태에 놓일 수 있다. 지식(知識)도 지혜(知慧)도 없거나, 지식은 없지만 지혜롭거나, 지식은 있으나 지혜롭지 못하거나, 지식을 지혜롭게 쓰거나.

공부하는 사람은 네 번째, 지식을 지혜롭게 쓰는 사람인 '지성인(知性人)'을 지향한다.

지식은 어디서든 구할 수 있다. 분필 가루 날리는 교실에서, 햇살 좋은 잔디밭에서, 덜컹거리는 지하철에서도. 그런데 지혜는 어디서 구할 수 있을까? 아르키메데스의 목욕탕에서, 원효대사의 해골바가지에서, 아니면 아이작 뉴턴의 사과나무에서? 아쉽지만 지혜는 개인의 외부에서 구할 수 있는 것이 아니다. 지혜는 지식의 알갱이들이 모여 빚어내는 화음 같은 것이라 개인의 내면세계에서 구성해야 한다.

지혜는 선(善)을 바탕으로 한다. 너와 나를 포함한 모두에게 유익한 것만이 선이다. 나에게만 이롭거나 남에게만 이로운 것은 선이라 할 수 없다. 그러므로 지혜가 결여된 지식은 무용지물이거나 때때로 나쁜 용도로 쓰이게 된다. 또한 지식을 앞세워 남을 지배하려는 욕망에 사로잡히면 선함을 잃고 우둔해진다.

지혜는 또한 인내를 필요로 한다. 권위주의와 허세와 편견이 사방에 깔려 있어 역겨움이 치밀어 오를지라도 무던히 이겨 내야 하기 때문이다. 모두가 히잡을 쓰고 있을 때 홀로 벗어 던지고 싶다면 그리해도 좋지만, 히잡 쓴 사람을 바보라고 욕하지 않는 것이 지혜이다. 행위에 대해서 비판할 수는 있지만 사람을 경멸하는 것은 선이 아니기 때문이다.

지혜는 용기도 필요로 한다. 집단의식의 속박에서 벗어나게 될 때 집단으로부터 비난받을 가능성이 높기 때문이다. 지혜는 남을 공격하지 않지만, 남으로부터 공격받을 가능성은 언제나 있다. 지혜가 없는 사람의 눈에는 실체가 보이지 않으므로, 지혜가 괴상한 그 무엇으로밖에 여겨지지 않는 까닭이다.

걸어서 지구를 여행하는 사람들은 지혜를 얻기가 쉬울 것이다. 원시와 첨단이 공존하는 지구의 곳곳을 누비며 식견이 넓어져서라기보다는, 미지의 세계에 발을 들여놓는 순간부터 겸손해지기 때문이다. 오지에서는 세 살 아이에게도 배움을 청하는 법이니 지혜로워지지 않을 수가 없다.

동네를 떠나지 못하는 사람들은 TV나 인터넷 같은 대중매체를 통해 세상 소식을 접하고 지혜를 얻고자 한다. 그런데 대중매체는 선정성을 추구하는 성향 때문에 사람들이 솔깃해 하는 흔치 않은 일들을 적극적으로 보도하게 마련이다. 동시다발적으로 유포되고 반복적으로 재생되는 이런 정보는 사람들을 곧잘 세뇌시킨다. 이 과정에서 희귀한 사건이 일반적인 일로, 국소적인 문제가 전반적인 현상으로 인지되는 착시 효과가 발생한다. 신문도 엉터리 정보를 전할 때가 많다. 어떤 사건이든 최초의 보도와 최후의 보도가 일치하는 경우는 거의 없다고 해도 과언이 아니다. 신속하게 정보를 전달하자면 부정확해지는 것을 피할 도리가 없기 때문이다. 책에도 저자의 편견이 담겨 있게 마련이지만, 책은 오래 묵혀 발효한 음식과 같아서 꼭꼭 씹어 삼키면 소화불량에 걸릴 위험이 상대적으로

적다. 특히 맛깔스럽고 완성도가 높은 책은 좋은 의미로 중독성이 있어 사람을 기꺼이 취하게 한다.

그런데 여러 종류의 책 중에서 위인전을 좋아하기란 쉽지 않다. 책 속의 주인공이 너무나 훌륭해서 그의 행동을 본받기가 어렵기 때문이다. 그러나 데일 카네기(Dale Carnegie, 1888~1955)가 쓴 《데일 카네기 나의 멘토 링컨(Lincoln The Unknown)》*을 읽는다면 누구나 충격과 감동에 빠지지 않을 수 없을 것이다. 노예보다 더 비참한 환경에서 교육다운 교육은 거의 받지 못하고 자란 사람이 그토록 위대해질 수 있다니! 링컨을 인류 역사상 거인으로 만든 바탕은 그가 열다섯 살일 때 처음 글을 배우며 읽은 세 권의 책이었던 것 같다. 그는 《성경》을 통해서 사랑을, 《이솝우화》를 통해서 유머를, 《웅변술 교습소》를 통해서 연설을 익혔다. 이는 첫 독서 경험의 강렬함으로 지식을 빨아들이고, 이를 자신의 지혜로 승화시킨 빼어난 사례이다.

---

* 《데일 카네기 나의 멘토 링컨》, 데일 카네기 지음, 강성복 · 이인석 옮김, 리베르(2010).

어떨 때 지식은
지성이 되는가?

지적인 욕구가 있는 자만이 배울 것이요, 의지가 확고한 자만이 배움의 길목에 있는
장애물을 극복할 것이다. 나는 항상 지능지수보다는 모험지수에 열광했다.
· 유진 윌슨 ·

우리 집에는 5년 6개월 전에 태어난 고양이가 한 마리 있다. 눈부
시게 흰 털과 고운 하늘색 눈이 아름다운 이 녀석은 출생 2년 만에
삶에 필요한 모든 기술을 스스로 터득했고, 이제는 사람의 심리까
지 훤히 꿰뚫고 있어서 철학자 같은 면모마저 풍긴다.

내가 고양이 수준이 된 것은 아마 일곱 살 즈음이었을 것이다. 그
무렵에 말할 줄 알고, 읽을 줄 알고, 생각할 줄 알고, 결정적으로 사
람의 감정을 파악할 줄 알았으니까 지적 생명체로서 필요한 기술은
다 터득한 셈이었다.

어린 나와 친구들은 어른들이 하는 모든 것을 익힐 능력이 있었

다. 높은 나무에 재빠르게 올라갈 수 있었고, 한강 다리난간 위에서 달리기할 담력도 있었으며, 심지어 남의 손에 든 화투 패가 무엇인지도 알았다. 그렇지만 결코 다른 아이들보다 우월하다고 생각할 수는 없었다. 구슬치기 선수, 딱지치기 달인, 팽이치기 도사, 땅따먹기 귀신 등 어린 능력자들이 동네에 즐비했기 때문이다. 이런 종목이 올림픽에 있었더라면 모두 신동이라 불렸을 것이다.

그러나 학교에 입학한 후 아이들은 모두 자기 아버지들처럼 세속적이고 평범한 사람이 되는 길을 걸었다. 이미 많은 것을 터득한 아이들을 학교가 백지상태로 포맷하고 다시 시작하도록 교육했기 때문이다. 아이들은 시험 성적에 따라 높거나 낮은 등급으로 분류되면서 공부에 온전히 몰입할 수 없었고, 나이를 먹어야 걸리는 여러 심리 증상에 시달리며 어른이 되어 갔다.

한 세대가 지난 지금, 2013년 전국 초·중·고 학생정서행동특성검사에서 관심군으로 분류된 학생이 7.2퍼센트(152,640명), 자살 충동을 느껴 본 경험이 있는 우선 관리 대상 학생이 2.2퍼센트(46,104명)로 나타났다. 이 수치에 들지 않은 아이들도 스트레스 상황에 있기는 마찬가지이다.

강박, 우울, 불안, 초조, 두려움 등을 증폭시키는 각종 신경정신

증상은 마음이 할퀴어져서 걸리는 병이다. 누가 마음을 할퀴는가? 좁게 생각하면 부모나 선생 혹은 급우나 동료라고 생각하기 쉽지만, 사실은 편견의 사회가 모두를 괴롭히고 있다. 그러므로 부모나 주변 사람들에게 신경질을 부리고 화풀이한다고 해서 정서적 불편함이 해소되는 것은 아니다.

학생이 할 수 있는 최선의 저항이자 자기 치유의 길은 지성(知性)을 갖추도록 노력하는 것이다. 지성은 갑옷처럼 정서를 보호할 수 있다. 지성은 진정한 가치가 무엇인지를 헤아리는 능력을 부여하기 때문이다.

"만인이 부러워하는 골프 황제는 구슬치기 대장과 뭐가 다른가?"

지성은 다르지 않다고 대답할 것이다. 다른 것이 있다면 받는 상금의 차이일 뿐이다.

"무대에서 벗으면 예술이 되고, 길거리에서 벗으면 변태가 되는 까닭은 무엇인가?"

지성은 돈을 내고 보느냐 아니냐의 차이라고 대답할 것이다.

이처럼 유사하거나 동일한 행위가 어떤 경우는 비범이 되고 어떤 경우는 평범이 되고, 때로는 선이 되고 때로는 악이 되는 일들이 세상에는 널려 있다. 그래서 공부하는 과정에서 회의나 번민에 휩싸일 때도 있겠지만, 이러한 감상에 오래 머물 필요는 없다. 왜냐하면 그런 감정은 대상에 대한 애정을 바탕으로 생겨나는 것이고, 세상의 이치에 대해 공부하는 행위 자체가 세상을 사랑하려는 동기에서 비롯된 것이기 때문이다.

경험론의 대표적인 학자 프랜시스 베이컨(Francis Bacon, 1561~1626)은 귀납법을 체계화하여 과학의 연구 방법에 큰 영향을 준 사람이다. 그는 1620년 발간된 저서 《노붐 오르가눔(Novum Organum Scientiarum)》을 통해 논리학의 도그마(dogma)는 올바른 해석이 될 수 없다고 주장하였고, 우상(偶像)의 비유를 통해서 이성주의 합리론을 다음과 같이 비판했다.

"우리 인간의 정신을 좀먹는 우상은 네 가지가 있다. 첫째는 종족의 우상, 둘째는 동굴의 우상, 셋째는 시장의 우상, 마지막으로는 극장의 우상이다."

여기서 '종족의 우상'은 인간 종족이나 부족의 입장에서만 세상을 해석함으로써 생기는 편견, '동굴의 우상'은 개인의 변덕과 협소함에서 오는 편견, '시장의 우상'은 다른 사람의 엉터리 말(언어의 왜곡이나 오류 등)을 믿음으로써 생기는 편견, '극장의 우상'은 권위나 신앙,

---

● 《신기관》, 프랜시스 베이컨 지음, 김홍표 옮김, 지식을만드는지식(2014).

사조(思潮)에 휩쓸림으로써 생기는 편견을 뜻한다.

아울러 그는 '사물에 새로운 본성을 부여하는 일은 인간의 힘이 하는 일이고 인간 지성의 목적이기도 하다'라고 말했을 뿐만 아니라, '발견은 창조나 다름없다. 인류 자체의 지배력을 우주 전체로 확장하려고 노력하는 것은 건전하고 고귀하다'며 과학과 기술을 예찬하기도 했다.

베이컨은 귀납법의 예시로 '열(heat)에 대한 귀납적 고찰'을 상세하게 제시하였다. 그는 열이 있는 긍정적 사례, 열이 없는 부정적 사례, 열이 많거나 적은 비교 사례를 수집한 후 서로 일치하지 않는 사례들을 지워 나갔다. '끓는 물은 빛이 나지 않는다. 그러므로 열의 성질 중 빛나는 성질은 제외한다'는 식이다. 그가 관찰과 경험을 통해 모은 여러 가지 사례들은 과연 얼마나 정확한 것이었을까? 현대 과학의 지식으로 보면 그가 제시한 사례들 중에는 우스꽝스러운 것이 수두룩하다.

- 달빛은 뜨겁지 않으니 보름달은 차갑다.
- 태양이 시리우스와 같은 거대 항성에 접근하면 더 많은 빛을 방출한다.

- 번갯불은 빛을 내리쬐지만 산불을 일으키지는 않는다.
- 양털과 같은 것이 따뜻하게 느껴지는 이유는 미약하게나마 동물의 온기가 남아 있기 때문인지도 모른다.
- 천문학자들의 말에 의하면 태양 다음으로 화성이 가장 뜨겁고, 다음이 목성, 다음이 금성이라고 한다.
- 주위가 차가우면 불이 자극을 받아 뜨거워진다.

오해 사례는 이 외에도 많다. 하지만 그는 이런 허술한 사례를 가지고도 과학자들이 경탄할 만한 결론을 이끌어 냈다. '열은 물체의 내부에서 억제된 상태를 벗어나기 위해 저항하는 소립자(素粒子)•의 팽창 운동이다' 같은 것이 대표적인 예이다.

우리는 베이컨의 학문하는 태도에서 두 가지 교훈을 얻을 수 있다.
하나는 자신의 지식을 과신해서는 안 되며, 함부로 다른 생각을 비웃거나 비난해서는 안 된다는 것이다. 그런 의미에서 베이컨도 자신이 말한 '동굴의 우상'에서 자유롭지 못했다.
또 하나 그에게서 정말 배워야 할 것은 새로운 발상을 시도하는

• 소립자는 에너지의 양을 나타내는 전자볼트(eV)로 표기하기 때문에, 요즘에는 양자(量子)라는 말이 더 많이 사용되는 추세이다.

용기이다. 그는 아리스토텔레스나 피타고라스 같은 현자의 권위에 굴복하지 않고 비판적인 태도를 견지함으로써 학문의 발전에 기여했다.

생각하는 존재의
공부법

르네 데카르트(René Descartes, 1596~1650)는 《방법서설(A Discourse on Method)》에서 자신의 정신에 들어온 모든 것이 꿈속의 환영과 마찬가지로 진실하지 않은 것이라고 가정한 후에 다음과 같은 결론을 내렸다고 밝혔다.

"모든 것이 거짓이라고 생각하고 있는 동안에도 이렇게 생각하는 나는 반드시 어떤 것이어야 한다는 것을 알게 되었다. 그리고 '나는 생각한다. 그러므로 나는 존재한다'는 이 진리는 아주 확고하고 확실한 것이고, 내가 찾고 있던 철학의 제1원리로 거리낌 없이 받아들일 수 있다고 판단했다."

노벨물리학상을 받은 우주물리학자 유진 위그너(Eugene Wigner, 1902~1995)는 관측자의 의식을 도입하지 않으면 양자역학의 법칙을 설명할 수 없다는 결론을 얻고 '의식이 존재를 결정한다'라고 갈파하였다. 이는 관측이 결과를 뒤바꾼다는 양자역학의 핵심 원리에 따른 과학적 사고인데, 이에 대해 페르미상을 받은 물리학자 존 휠러(John Wheeler, 1911~2008)는 "우리는 참여 우주에 살고 있다"고 기술하였다. 곧 인간이 우주에 적응하듯이, 우주도 인간에 적응한다는 것이다.

또한 물리학자 미치오 카쿠(加來道雄, 1947~)는 그의 저서 《평행 우주(parallel worlds)》[**]에 '생명체의 탄생은 분명한 목적이 있는 것 같다. 즉, 우주는 지각이 있는 생명체를 창조하여 그들이 자신을 관측하게 함으로써 자신의 존재를 실현하고 있다'라고 썼다.

철학은 '사유'에 의해서 결론을 이끌어 내고, 과학은 '검증'에 의해서 결과를 도출한다. 그런데 서로 다른 길을 걸어온 두 학문이 합류하는 지점은 하나인 듯하다. 인간의 사유와 인식이 있음으로써 자신을 포함한 우주가 존재한다는 관점이 바로 그것이다.

● 《방법서설 정신지도를 위한 규칙들》, 르네 데카르트 지음, 이현복 옮김, 문예출판사(1997).
●● 《평행 우주》, 미치오 카쿠 지음, 박병철 옮김, 김영사(2006).

실제로 우리가 보는 우주는 수십 억 년 동안의 사건이 하나의 화폭에 담긴 그림과도 같다. 그래서 우리는 태양의 8분 전 모습과 25년 전 직녀성의 모습은 물론 1,600년 전 오리온성운의 모습과 250만 년 전 안드로메다은하의 모습을 지구에서 실시간으로 보고 있다. 그러므로 인간을 비롯한 지구의 생명체가 바라보는 우주의 현재 모습은 실제가 아닌 허상인 셈이다.

또한 인간이 시각 정보를 통해 인지할 수 있는 빛은 0.3~0.7마이크로미터 파장의, 아주 협소한 영역의 가시광선일 뿐이다. 우리가 우주를 엑스선이나 적외선으로 보는 존재였다면 우주의 모습이 지금과는 완벽하게 딴판으로 보일 것이다.

이와 같은 사실은 꽤 오래전부터 알려진 고전 지식이지만, 여기에 20세기의 양자역학이 '관측이 결과를 바꾼다'는 과학의 법칙을 도출해 냄으로써 기존의 세계관을 크게 흔들어 놓았다. 상자 속에 고양이가 들어 있을 때 '산 고양이'인지 '죽은 고양이'인지 여부는 관측에 의해서 결정되고, 그에 따라 우주는 산 고양이가 존재하는 우주와 죽은 고양이가 존재하는 두 개의 우주로 갈라진다는 '다중 우주 이론'이 등장하면서, 일반인은 물론 과학자들마저도 자신들이 이끌어 낸 결과에 대해 입을 다물지 못하고 있다.

사실 양자역학은 이미 우리의 생활 속 깊숙이 침투해 있다. 한시도 곁에 두지 않으면 안 되는 스마트폰이나 컴퓨터는 물론이고 의학, 농학, 생명과학, 뇌 과학 등 거의 모든 분야에서 양자역학의 도움 없이는 시스템의 기반이 무너질 정도이다.

공상과학영화의 상상은 대개 과학의 가설이나 이론을 기반으로 만들어진다. 그래서 공상과학영화가 그려 내는 미래 세계는 대부분 현실이 되곤 했다. 그러므로 마치 영화처럼 '현재의 나'는 우주에 무수히 존재하며, '죽음'이란 스위치 전환처럼 간단하게 이루어지는 평행 우주로의 이동일지도 모른다.

평행 우주 가설을 믿을 수 없다면, 보다 확실한 과학 지식으로 삶과 죽음을 재조명해 볼 수도 있다. 내 몸 성분의 63퍼센트나 되는 수소(H)의 핵은 137억 년 전 우주가 탄생할 당시에 합성된 것이고, 그 밖의 다른 무거운 원소는 우주가 탄생하고 4억 년 이후에 만들어진 별들이 폭발할 때 합성된 것이다. 이처럼 과거의 조합으로 이루어진 오늘의 나는 언젠가 해체될 테지만, 그것으로 끝이 아닌 이유는 재조합의 과정을 통해 더욱 진보한 또 다른 존재로 거듭날 것이기 때문이다. 인간 과학의 개념으로 해석할 때, 우주는 무(無)에서 태어난 유(有)이다. 그렇다면 유(有)에서 유(有)로 거듭나는 것은 일도 아닐 것이다.

과학의 논리를 전혀 믿을 수 없다고 치부하면, 뉴턴이나 아인슈타인이나 하이젠베르크를 존경해야 할 하등의 이유도 없어진다. 그들을 존경해야 할지, 말아야 할지는 공부를 통해서 알아 갈 일이다.

관습적 공부와
비판적 공부

맨눈으로 살다가 안경을 끼게 되면 불편하기 짝이 없다. 그러나 차차 익숙해지면 불편함을 의식하지 못하게 되고, 이윽고 안경이 몸의 일부처럼 느껴진다. 화장도 습관이 되면 맨얼굴이 낯설어 곱게 단장해야 마음이 편하다.

관습이란 것도 안경이나 화장과 같은 속성을 가진다. 어릴 때는 관습에 따라 사는 것이 익숙하지 않지만, 어른이 되면 그에 따라 생각하고 행동하는 성향이 몸에 배게 된다. 관습적 사고가 내면화되면 그에 어긋나는 생각이나 행동을 못마땅하게 여기게 되고, 경우에 따라서는 어떤 행동에 대해 참을 수 없는 분노를 표출하기도 한다.

관습적 사고의 장점은 자신이 속한 사회의 보편화된 의식에 따라 생각하고 행동함으로써 불필요한 마찰을 줄일 수 있다는 것이다. 좋게 말해 사회 적응력이 높아지는 것인데, 그 덕에 개인의 일상에 투자할 수 있는 잉여 에너지를 비축할 수 있다.

그러나 관습적 사고는 사회라는 유기체가 만든 두꺼운 작업복과 같아서 유연성이 부족하다는 큰 결점이 있다. 그래서 관습적 사고의 유효 반경은 좁은 범위에 국한될 뿐, 이것만으로는 상황의 이면이나 좌우까지 제대로 통찰할 수 없다.

'왜 두꺼운 옷을 입고 살아가는 걸까? 옷을 벗으면 광선에 맞아 죽게 되는 될까?'

비판적 사고는 이와 같이 참이라고 여겨지는 통념, 즉 관습적 사고에 대해 의심할 때 가능하다. 비판적 사고를 숙련시키면 정신의 영토를 장악하고 있던 두려움의 범위가 줄어들고, 그에 따라 인생의 경작이 보다 수월해진다. 그런데 비판적 사고의 과정에는 마치 유리 기구를 다룰 때처럼 조심해야 할 점이 있다.

우선 비판적 사고를 부정적 사고와 혼동해서는 안 된다. 비판적 사고는 합리적인 논리와 과학적인 분석을 도구로 하여 어떤 문제의 바람직한 답을 구하려는 과정이다. 따라서 비판적 사고에는 감정이 개입되지 않는다. 옳고 그름을 따지는 일에 초점을 맞추기 때문이다. 그에 반해 부정적 사고는 감정의 지배를 받는다. 물론 목석이 아닌 다음에야 감정을 온전히 배제하기란 쉬운 일이 아니다. 그래서 이성의 힘으로 감정의 개입을 최대한 억제하지 않으면, 흔히 부정적 사고의 형태로 비판적 사고가 나타나게 된다. 비판적 사고의 숙련을 위해서는 많은 훈련이 필요하다.

또한 비판적 사고는 사람 자체를 대상으로 하지 않아야 한다. 사람은 앎(sophia)을 사랑(philos)하므로 누구나 철학자(philosopher)이다. 그래서 비판적 사고를 통해 어떤 문제나 현상의 결함을 인지하게 되면, 이를 바로잡고 싶은 욕구가 생겨나기 마련이다. 그런데 이를 지적하는 과정에서 타인의 무지를 탓하며 자신의 견해에 사람들이 동조하기를 바라는 순간, 그 비판은 순수성을 잃고 비난으로 둔갑하게 된다.

물론 모든 논리는 사람이 만든 것이므로 필연적으로 사람이 결부되어 있기는 하다. 그러나 논리의 약점이나 결함을 빌미로 사람을 공격하는 것은 앎에 대한 사랑의 행위라고 볼 수 없다. 비판적 사고는 어디까지나 이치를 따져 논리를 바로잡는 데 초점을 두어야 하며, 사람 자체를 목표로 해서는 안 된다. 현실에서는 의도하지 않았음에도 상대방을 공격하게 되는 경우가 종종 생긴다. 이러한 경우에도 상대방 자체를 비판의 장 위에 올려놓아서는 안 되며, 그 사람의 사고방식이나 행위에 초점을 두고 논리를 전개해야 한다.

공격에는 무엇인가 다른 목적이 있다. 설사 그 목적이 선(善)을 추구하기 위한 것일지라도, 사람을 공격해서는 뜻한 바를 이루기 어렵다. 소통하고 토론하는 문화는 사람을 공격하지 않을 때에야 비로소 가능하다.

다음은 비판적 사고를 훈련하는 학생들에게 해당되는 유의 사항이다.

비판적 사고를 다룬 책을 들여다보면 명제, 연역, 귀납, 추론, 반론 등의 개념이 나오는데, 이는 중학교 수준에서 공부할 만한 내용이다. 그렇지만 가언 논증, 선언 논증, 양도 논증, 귀류법과 같은 용어가 나오기 시작하면 골치가 아파진다. 거기에 전건 긍정, 후건 긍정, 선인지 제거법, 배타적 선언 논증 등의 세세한 영역에 이르면 갈수록 첩첩산중이요, 오리무중이라고 느낄 것이다. 이처럼 어려운 용어와 개념을 이해하고 능숙하게 활용하려면 전문적인 공부와 오랜 기간의 숙련이 필요하다. 과연 학생들이 그 같은 전문적 기술을 익혀야만 비판적으로 사고할 수 있을까? 물론 그렇지 않다. 논리의 틀에 생각을 맞추려고 하면 주객전도가 일어나 하루해가 다 넘어가도록 단 한 줄의 생각도 온전히 정리하기 힘들 것이다. 일상에서의 비판적 사고는 과학 탐구의 과정을 따르는 것이 편리하고 효율적이다.

첫 과정은 '문제 인식'의 단계이다.

사과나무에서 사과가 우수수 떨어졌다고 가정해 보자. 사람들은 입장에 따라 저마다 달리 생각할 수 있다. 배고픈 사람은 '저것을 주워 먹어도 될까?', 과수원 주인은 '어떤 놈이 나무를 흔들었을까?', 사과나무를 키운 사람은 '에구, 농사 망쳤다' 하고 말이다. 또한 이들은 저마다의 생각에 따라서 다음 행동을 결정하게 될 것이다. 위대한 과학자 뉴턴이 사과가 떨어지는 똑같은 현상을 대하고서 '사과가 하늘로 떨어지지 않는 이유는 뭘까?'라는 문제 인식을 가졌던 것처럼 말이다.

문제 인식의 단계는 생각의 가지가 어디로 뻗어 나갈지를 결정하는 과정이므로, 비판적 사고의 핵심이라고 할 수 있다. 그런데 이 과정에만 머물러 있으면 문제 인식이 몽상의 수준에 그치고 만다. 문제를 인식한 다음에는 그 해법을 구하려는 노력이 동반되어야 비로소 정신의 성장이 활성화된다.

문제 인식의 다음 단계는 '가설 설정'이다.

이는 기존의 지식과 경험을 토대로 예상하거나 추론하는 과정이다. 예를 들어 동네 뒷산에서 반달곰의 촉촉하고 따끈따끈한 똥이 발견되었다고 가정해 보자. 이때 예상 가능한 추론은 다음과 같을 것이다.

뒷산에 반달곰이 살고 있다, 어떤 사람이 지리산에서 반달곰의 똥을 가지고 왔다가 그곳에 버렸다, 동물원에서 도망친 반달곰이 똥을 쌌다, 차량에 실려 이동 중이던 곰이 변의를 느껴 잠시 하차했다 등등.

가설에는 엉뚱한 생각도 얼마든지 포함시킬 수 있다. 엉뚱한 생각의 타당성을 검토하는 과정에서 사고력이 향상되고, 창의적인 생각의 출구가 열리기도 한다.

마지막 단계˚는 '문제 해결을 위한 탐구 과정의 설계와 수행'이다. 이 과정에서는 인터넷을 통해 얻는 정보도 도움이 되지만, 어디까지가 참인지 판단하기 어려우므로 반드시 검증의 과정을 거쳐야 한다. 이럴 때 필요한 것이 관련 서적이다. 책 내용을 공부하면

˚ 자연과학, 인문과학, 사회과학, 공학, 의학 등의 학술 연구를 위한 탐구 과정에서는 탐구 과정을 설계하고 수행한 다음, 자료를 분석하고 해석하여 결론을 도출하는 것은 물론 타당도와 신뢰도 검증까지 이루어진다.

서 친구, 선배, 선생님의 도움을 받는 것도 필수적이다. 그런데 책도 불완전하기는 마찬가지이므로, 한 권의 책을 무조건 신봉하지 말고 여러 책을 두루 섭렵해야 한다. 쉽게 말해 더 많은 내용을 열심히 공부해야 한다.

비판적 사고는 그 과정이 충실하지 못할 때 부정적 사고나 삐딱한 자세, 부적응적인 태도로 비쳐지기 쉽다. 확실한 증거를 토대로 전개되는 과학 이론조차도 전대(前代)가 구축한 장벽에 가로막혀 묵살되기 일쑤인 만큼, 사회가 만들어 놓은 관념에 비판적으로 접근하기 위해서는 공부하고 또 공부해야 한다.

미래의 변화를
예측하는 공부

"점을 봤는데 사업이 잘될 거래."

동네 철학관에서 운수 대통할 거라는 이야기를 들은 내 고모는 그날로 양장점을 인수했다. 점포는 목 좋은 네거리에 위치하고 있었고, 재단사 한 명에 재봉사를 세 명이나 둔 제법 괜찮은 양장점이었다. 원래 그 점포의 단골손님이기도 했던 고모는 양장점의 월 매출이 얼마쯤이나 될지 대략 짐작하고 있었다.

"월 순이익이 백만 원은 될 거야."

예상했던 것보다 첫 달 수입은 더 좋았다. 고모의 지인들이 개업 인사차 몇 벌의 옷을 더 주문했기 때문이다. 그렇지만 날이 갈수록 매출이 감소하기 시작했다. 고모는 그 원인이 무엇일까 고민하지 않을 수 없었다. 개점 시간을 당겨 보기도 하고 재단사를 바꾸기도 하면서 다각도로 해법을 찾았으나, 갈수록 떨어지는 매출을 어쩌지는 못했다. 결국 양장점은 채 2년을 못 버티고 문을 닫고 말았다. 물론 오래전 얘기이다.

고모의 사업 실패는 사실 양장점을 인수할 때부터 예견된 일이었다. 점괘를 믿은 것은 그렇다 치더라도, 매달 백만 원의 수입이 보장될 것이라고 예측한 것부터가 오산이었기 때문이다. 양장점을 인수하던 시점에 월 순이익이 백만 원인 것은 사실이었다. 직원들의 말에 의하면 그 전에는 훨씬 더 많은 수익이 났었다고 한다. 바로 여기에 사업 실패의 답이 들어 있다. 사실 그 양장점은 고모가 인수하기 전부터 매달 5퍼센트씩 수익이 줄고 있던 터였다. 때는 의류 산업이 맞춤복에서 기성복으로 넘어가는 과도기였고, 그런 시장의 흐름을 간파한 전 주인이 매물로 내놓은 점포를, 물정 모르는 고모가 덥석 인수한 것이었다.

오늘날에도 미래를 잘못 예측하여 손해 보는 경우가 비일비재하다. 일반인들이 주식이나 부동산에 투자하여 손해를 보는 것도 그런 예라 할 수 있다. 일반인 투자자들은 대개 투자에 대한 전체적인 밑그림이나 합리적인 판단력을 갖추지 못한 채 소위 재테크 전선에 뛰어든다. 물론 나름대로는 믿을 만하다고 생각되는 정보를 얻어서 투자하는 것이겠지만, 정보라는 것은 과장되고 왜곡되고 심지어 조작되는 일도 허다하다.

미래를 예측할 때는 과거에서 현재에 이르는 동안 그 변화와 추세를 살피는 일부터 시작한다. 정확한 예측을 위해서는 결과에 영향을 주는 변인들이 무엇인지 파악하고, 또한 그 변인들을 움직이는 기저의 변수는 무엇인지 알아내는 것이 중요하다. 변인들의 개수가 많고 데이터가 풍부할수록 예측의 정확도는 높아진다. 변인들의 수가 증가하면, 개개의 오차가 서로 상쇄되는 효과가 일어나기 때문이다.

미래의 교육과 학습 형태는 어떻게 달라질 것인가?

앨빈 토플러, 짐 데이터 등이 1966년에 설립한 비정부기구 '세계미래회의(World Future Society)'는 '2030년에 사라질 열 가지'를 발표한 바 있다. '공교육과 교실, 교사가 사라진다'는 예견도 그중 하나이다.

"공립학교가 사라지고, 교육의 공장형 모델이 교체되며, 완전히 새로운 평가 시스템이 등장할 것이다. 스마트 시스템이 우리로 하여금 지식 습득 수준, 학습의 품질 분석에 의해 개별화된 수업을 진행할 수 있게 해 준다. 미래에는 인력을 고용할 단체나 기관, 기업들이 일반화된 졸업장보다는 기술 역량 인증서를 더 높이 평가하게 된다. 2030년이 되면 모든 전통적 교실 수업의 90퍼센트는 개방형 온라인 무료교육으로 바뀐다. IBM의 슈퍼컴퓨터 왓슨은 인터넷의 모든 정보를 접수하고 미국 의회 도서관의 도서를 전부 읽었다. 따라서 다양한 매체를 통해 교사가 아니라 왓슨에게 질문하게 된다."●

세계미래회의는 그러한 변화가 진행될 수밖에 없다는 근거로 컴퓨터 스마트 시스템의 진화와 인구 고령화에 따른 정부 예산 부족을 들고 있다. 그와 같은 분석이 어떠한 과정을 거쳐서 도출된 것인지, 데이터 자료가 없는 우리로서는 판단하기 어렵다. 그래서 여러 가지 면에서 의문이 남는 것이 사실이다. 앞서 제시한 두 가지 이유만으로 학교나 교사가 사라질 것이라고 공언할 수 있는 걸까? 장래 희망이 교사인 학생들은 앞으로 어떻게 해야 하는가? 전부 진로를 바꾸어야 하는가? 교실이 사라진다면 이와 관련된 모든 산업이 퇴조하는 것일까?

수동식 사진기가 사라지고, 필름이 사라지고, 영사기가 사라지

● 《유엔미래보고서 2040》, 제롬 글렌 외 지음, 교보문고(2013).

고, 축음기가 사라지고, 전축 레코드판이 사라져 간 것처럼 교실이 사라질 가능성은 얼마든지 있다. 그렇지만 따져 보면 사라진 것은 모두 도구에 지나지 않는다. 사람들은 여전히 사진을 찍고, 더 많이 영화를 보고, 길을 걸으면서도 음악을 감상한다. 시대의 변화에 따라 도구는 달라지더라도 사람이 살아가는 방식은 크게 달라지지 않은 것이다.

멀지 않은 미래에 교실이 사라진다고 해도 교육과 학습이 없어지는 것은 아니며, 교사라는 직종이 사라진다고 해서 그 역할을 담당하는 직업 자체가 없어지는 것은 아니다. 다만, 전형적인 교실 수업이나 교사와 학생 사이의 역할은 분명히 달라질 것이다. 이는 미래에 일어날 일이 아니라 과거부터 현재까지 실제로 진행되어 온 일이기도 하다.

학교 교육의 형태가 어떻게 달라져 왔는지는 교사와 학생 사이의 호칭 변화에서 잘 드러난다. 7080 세대**가 학생이던 시절에는 학생이 교사를 똑바로 쳐다보지 못했다. 행여나 눈을 마주쳐서 훈계를 들을까 겁이 났기 때문이다. 부득이하게 교사를 불러야 할 경우

** 1970~1980년대에 학교를 다닌 세대를 말한다.

에는 "저, 선생님······" 하고 죄인처럼 공손하게 불렀다. 그러나 친구들끼리는 교사의 직책이나 별명을 불렀다. 담탱이, 학주, 꼰대, 사이코 등등. 교사는 학생을 '너' '야' '인마' '새끼야'와 같은 호칭으로 불렀고, 심한 욕설도 심심찮게 내뱉곤 했다.

1990년대에는 전국교직원노동조합(전교조) 교사들의 주도로 참교육 운동이 전개되었고, 학교교육에 대한 비판과 반성이 크게 일었다. 그 과정에서 많은 교사들이 해직되었고 투옥을 당하기도 했다. 이때부터 교사와 학생의 관계도 크게 변화되기 시작했다. 수직적·폐쇄적 관계의 틀이 약해지면서 수평적·개방적 관계로의 전이가 일어나기 시작한 것이다.

2010년대로 접어들면서 학생들은 교사를 '샘'이라고 부르기 시작했다. '샘'이라는 호칭에는 친근한 관계의 정서가 담겨 있다. '상호 존중의 친밀한 관계를 바탕으로 이루어지는 가르침과 배움의 과정이 교육'이라고 정의한다면, '샘'은 학교교육이 새로운 국면으로 접어들었음을 상징하는 단어이다. 주입식 교육에서 소통의 교육으로, 지시적 교육에서 협력적 학습으로, 교실 중심 교육에서 활동 중심 교육으로 변화하고 있는 여러 상황이 '샘'이라는 한 음절의 단어에 녹아들어 있는 것이다.

지금까지의 추세로 보면 교사와 학생의 관계는 머지않아 인생 선

후배처럼 친밀한, 멘토와 멘티의 관계로 발전하게 될 것이다. 지식의 양으로는 그 누구도 IBM의 슈퍼컴퓨터 왓슨보다 나을 수 없겠지만, 그 지식을 지혜롭게 활용하는 방법마저 컴퓨터가 일러 주기를 기대할 수는 없다. 또한 모바일 기반의 스마트 교육이 활성화될지라도 아날로그 기반의 교수 학습은 명맥을 계속 이어 갈 것이다. 사람은 사람에게서 배워야 하기 때문이다.

앞으로의 진로를 선택할 때는 당장 인기 있는 직업이나 분야보다는 미래에 새로 창출될 직업이 무엇일지 고민해야 한다. 그와 같은 예상은 세계 변화의 추이를 살펴봄으로써 가능하다. 오늘날의 과학 문명은 중력을 기반으로 한 뉴턴역학의 시대에서 아인슈타인의 핵융합 시대를 거쳐 양자역학 시대로 접어들었다.

양자역학은 원자보다 작은 수준인 미시 세계의 법칙을 다루는 소립자 물리학으로, 거시 세계의 법칙을 다루는 뉴턴역학으로는 도저히 불가능했던 많은 일들을 가능하게 한다. 양자 컴퓨터와 나노 기술, 핵융합 기술의 접목으로 공상과학영화에서나 볼 수 있었던 일들이 실현될 것이다. 그때가 되면 아이언맨 갑옷을 입은 택배 기사가 인기 직종이 되는지도 모른다. 가상현실 체험방이 노래방처럼 많이 생길 수도 있고 신혼여행을 우주로 가게 될 수도 있다. 컴퓨터는 영어를 기반으로 만들어진 기계이므로 영어는 계속 그 영역이 확대될 것이다.

곧 다가올 미래에는 1인 기업이 많아질 것이라는 예측이 지배적이다. 그 시대를 멋지게 살고 싶다면 지금 곁에 있는 책을 펼치자. 지능지수(IQ)를 높이는 뇌 공학 기술이 나올 때까지 기다리기에는 '지금 여기'의 시간이 너무도 소중하므로.

우리는 '진짜 공부'를
한 적이 없다

교육의 위대한 목표는 앎이 아니라 행동이다.
· 허버트 스펜서 ·

어릴 적 나는 외할머니를 할머니, 할멈, 할망구, 망구라는 네 가지 호칭으로 불렀다. 각 단어에는 조금씩 다른 정서가 담겨 있었는데, 기분이 제일 좋을 때 쓰는 말이 망구였다.

"망구! 내가 어깨 주물러 드릴까?"

"에구머니, 망측스럽게 망구가 뭐야. 할머니라고 해야지! 하하."

외할머니와 나는 언어의 의미론이나 화용론을 몰랐지만, 후자의 쓰임새를 잘 활용하여 소통한 셈이다. 그러나 초등학교에 입학한 뒤부터는 '할머니' 하나만 쓰게 되었다. 하여 버릇없는 손자라고 남의 오해를 받는 일은 줄었지만, 무엇인가가 할머니와 나 사이의 끈

끈한 정과 각별한 교류를 방해하는 느낌을 떨칠 수 없었다. 지금 생각해 보면 그 정체는 바로 교육의 제어였다.

어린 시절 나는 곤충을 관찰하고 곤충과 함께 노는 것을 좋아했다. 하여 곤충에 대한 많은 사실을 아홉 살 이전에 알고 있었다.

풍뎅이는 개미 여섯 마리가 달라붙어도 거뜬히 비행할 수 있다, 똥파리는 날개를 풍차처럼 돌려서 개미를 기절시킬 수 있다, 집게벌레의 배를 잡고 구부려 주면 집게로 자기 모가지를 자르기도 한다, 땅강아지는 앞발의 힘이 무척 세서 땅속을 헤엄치듯 돌아다닌다, 줄무늬 거미는 성미가 급하고 뚱뚱이 거미는 느긋하다, 태극문양나비는 손바닥만큼이나 커서 깃발처럼 펄럭인다, 송충이는 털이 숭숭하여 개미들이 접근하기 어렵다, 턱이 작은 개미는 똥구멍의 신맛이 강하지만 턱이 큰 개미는 신맛이 약하거나 아무 맛도 없다, 집 주변의 숲에는 여러 종류의 개미들이 살고 있고 적군을 만났을 때 매우 흥분하여 번개처럼 공격한다, 똥구멍 물을 찍찍 뿌리거나 재빠르게 도망가는 개미들도 있다, 홍수가 나면 개미들이 이사를 가기도 한다, 여왕개미는 무척 뚱뚱하여 잘 걷지 못한다 등등.

그런데 학교에서는 파리와 모기, 개미와 거미를 구별하면 그만인 싱거운 지식만 가르쳤다. 선생님들은 곤충의 세계에 대해서 잘 모르는 것 같았다.

초등학교 3학년 때, 전교생이 라면 봉지와 나무젓가락을 들고 학교 뒷산에 오른 적이 있었다. 소나무를 갉아 먹는 송충이를 잡기 위해서였다. 연노랑색의 어린 송충이부터 길이가 7센티미터가량 되는 큰 송충이까지 있었다. 큰 송충이는 적갈색 반점이나 검은 줄무늬가 화려하게 나 있으며 수북한 털로 무장하고 있다. 그러나 그놈들은 모두 입이 작아서 겨우 잎사귀나 갉아 먹을 뿐, 사람을 깨물지는 못한다. 내가 알기로 그놈들을 잡는 데 나무젓가락은 필요치 않았다. 나는 마치 바닥에 떨어진 동전을 주워 담듯, 소나무에 붙은 송충이들을 맨손으로 긁어모았다. 적어도 친구들 스무 명의 몫을 혼자서 했던 것 같다. 선생님들은 내가 잡은 송충이를 보고 놀라서 벌어진 입을 다물지 못하셨다.

초등학교 고학년이 되었을 때, 우등생 중에는 과외를 받는 아이들이 많다는 것을 알게 되었다. 과외 시간에 뭘 배우는지 궁금했는데 알고 보니 별것도 아니었다. '표준전과' '완전정복'이라는 제목이 붙은 참고서에 밑줄을 긋고, 외우고, 문제를 풀이하는 것이 전부였다. 나는 그 아이들에게 뒤지지 않고 공부를 잘했다.

그런데 중학교에 입학한 뒤로는 일등을 하지 못했다. 일등 자리는 과외를 받으며 밑줄을 긋는 아이들이 차지하기 시작했다. 그 친구들은 선생님이 시키는 대로 군소리 없이 공부하는 아이들이었다. 한번은 전교 일등인 친구에게 "태양이 왜 뜨거운지, 얼마나 뜨거운지 어떻게 측정할 수 있어? 태양의 크기와 거리는 어떻게 잴 수 있는데?"라고 물어본 적이 있다. 그 친구는 태양이 수소 핵융합반응에 의해서 에너지를 만들고, 표면 온도는 6,000도이며, 크기는 지구의 109배이고, 지구에서 태양까지의 평균 거리는 1억 5,000만 킬로미터라고 대답했다.

"그래서 그걸 어떻게 아느냐고!" 하며 내가 답답한 표정을 짓자, 친구는 "과학자들이 측정한 것이니까 그냥 외우면 돼!"라고 말했다.

피타고라스라는 별명을 가진 친구는 $\sqrt{2}$는 어떻게 해서 1.4142……가 되었냐고 수학 선생님께 질문했다가 꾸지람을 들었다. 수업 진도에 방해되는 질문은 삼가라고 말이다. 피타고라스는 "왜 그런 거죠?" "그건 또 왜 그런 거죠?" 하고 되묻곤 했는데, 선생님들은 그 친구가 쓸데없는 데 시간을 많이 쓰느라 성적이 오르지 않는 대표적인 경우라고 핀잔을 주었다.

고등학교 때는 수학 공식과 영어 단어를 암기하며 지냈다. 미적분을 배워서 어디에 쓰는지, 영어 문장의 5형식을 따지는 것이 무엇에 유익한지는 알 수 없었다. 선생님들은 서울대에 가려면 열심히 공부해야 한다고 말씀하실 뿐이었다.

"서울대 무슨 과를 지원할까요?"

"점수에 맞춰서 가야지."

"네? 아무 데나요?"

"그래, 농대든 사범대든 서울대는 서울대야. 알았니?"

학교 선생님들은 서울대 진학 실적을 올리는 일에만 관심이 있는 듯했다.

사실 나는 대학 진학에 대한 열망이 없었다. 곤충학을 공부하고 싶었지만 대학에는 그런 과가 없다고 생각했기 때문이다. 차선책으로 인문학을 하고 싶었으나, 이 또한 고등학교 2학년 때부터 자연 과정반에 편성되어 있었기 때문에 원서조차 낼 수 없음을 뒤늦게 알았다. 진로에 대해서는 어처구니없게도 그때까지 깜깜했던 것이다. 결국 다음 차선책으로 지구과학 계열을 택했고, 대학 4년 동안 학점을 채우기 위해 필요한 최소한의 공부만 했다. 그리고 부전공 으로 교직과목을 이수하였다.

군을 제대하고 처음 계약직으로 입사한 곳이 국립○○연구소였 다. 거기서 온천과 관련된 연구 보고서 작성을 보조했는데, 1년도 안 되어 일을 그만두었다. 온천 관련 연구는 대부분 이권이 개입되는 사업과 밀접했고, 그를 둘러싼 사람들의 행태가 실망스러웠기 때문이다. 나는 교사가 되기로 작정하였다. 체벌에 대한 고등학교 시절의 기억 때문에 학교에 대한 인상이 그리 좋은 편은 아니었지만, 그래도 청렴한 직장이라고 생각했기 때문이다.

초임 교사 시절에는 젊음의 열정 하나로 학생들과 가까워질 수 있었다. 그러나 시퍼런 종아리를 드러낸 채 돌아다니는 학생들을 볼 때마다 마음이 아팠다. 학생들은 무엇을 위해 저렇게 맞아 가며 공부해야 하는가? 대학 때 배웠던 교육학 책에는 답이 들어 있지 않았다.

교직 경력 13년이 되던 해, 나는 대학원에서 심리 상담 공부를 시작했다. 학생들과는 물론 나 자신과도 싸우지 않는 법을 배우고 싶었기 때문이다. 교수들은 내가 필요로 할 때 적절히 조언해 주는 역할만 했다. 무엇에도 얽매이지 않고 자유롭게 하는 공부는 재미있고 만족스러웠다.

나의 경험은 모두의 이야기일 수 있다. 암기 위주로 공부하고, 진로 정보에 어둡고, 학과 선택을 제대로 못 하고, 수동적으로 공부하고, 적성에 맞지 않는 직장을 다니고……. 어릴 때 좋아하던 '곤충

관찰하기를 커서도 계속할 수 있었다면, 아마 나는 곤충학자나 개미 학자가 되지 않았을까? 사실 무슨 일을 하는 사람이 되었는지는 그리 중요하지 않지만, 제대로 공부하지 못하고 흘려보낸 젊은 날의 시간은 지금 생각해도 매우 아쉽다. 하여 학생들이 나의 전철을 밟지 않고, 재미있고 흥미롭게 공부할 수 있기를 바라는 마음이 간절하다.

2장.
여왕개미
공부법

생각의 태도가 결과를 만들듯이, 공부의 경우에도 마찬가지이다.

자신이 선택하고 집중할 공부의 분야를 결정하는 데 있어 타인의 조언을 듣더라도

최종 선택은 자신의 몫이며, 그 과정과 결과에 대해 언제나 긍정적인 자세를 유지해야 한다.

무엇이 잘못될까 봐 벌벌 떠는 강박적인 자세, 성적이 기대한 만큼 나오지 않았다고

의기소침해하는 자세 등은 자기 내면의 순수한 동기가 아닌 주변인을 지나치게

의식하는 버릇에서 비롯된다.

세 학생의
공부법

나는 폭풍이 두렵지 않다. 나의 배로 항해하는 법을 배우고 있으니까.
· 헬렌 켈러 ·

성적을 향상시키기 위한 특별한 공부법이 없을까 고민하는 학생들에게는 다음의 사례가 도움이 될 것이다.

고등학교 3년 내내 수학 교과에서 100점을 받았던 학생이 셋 있었다. 이들은 외모나 성격, 적성과 흥미, 지능지수나 성장 환경 등모든 조건이 서로 달랐다. 그들 사이의 공통점은 남학생이라는 것뿐이었다.

'갑'은 어른들이 좋아하는 유형의 학생이었다. 그는 도덕군자형원칙주의자로 부모나 선생님이 하지 말라는 것은 절대 돌아보지 않았고, 오로지 명문 대학에 입학하겠다는 일념 하나로 불철주야 노력하는 학구파였다. 그에게 3년 동안 모든 수학 시험에서 100점을 받은 비결이 뭐냐고 물었더니, 자신의 오답 노트를 보여 주었다. 오답 노트는 공부한 날짜와 시간, 문제와 풀이 과정을 기록하도록 구성되어 있었다. 얼핏 보기에는 평범했는데 '평가란'에 적혀 있는 알파벳이 특이했다. 몇몇 문제의 평가란에 'D' 'C' 'B' 'A'라는 표시가 거듭 적혀 있었던 것이다. 그의 설명인즉 한 번 틀린 문제는 열두 번 반복하여 풀기를 제1원칙으로 삼고 있으며, 문제 풀이 과정을 이해한 정도에 따라서 매번 스스로 평가 등급을 매기고, 모든 문제가 A등급이 될 때까지 반복하여 푼다는 것이었다. 또한 난해한 문제와 친숙해지기 위해 재학습은 일주일이 경과한 뒤에 한다는 제2원칙을 세우고 이를 부단히 실천했다고 한다.

'을'은 자폐증이 있는 특수 학생이었다. 무엇을 적거나 외우거나 하는 식의 공부는 전혀 하지 않았던 까닭에 대부분의 과목에서 낙제점을 받는데, 희한하게도 수학만은 3년 내내 1등급을 유지했다. 가끔 연습장에 수학식을 적을 때도 있었지만 대부분 멍하니 칠판만 바라보며 지냈는데, 이것이 그가 하는 공부의 전부였다고 해도 과언이 아니다. 그는 전문대학에 입학하고 나서 한 달간 등교 정지를 당한 적도 있었는데, 그것은 칠판 대신 여학생들의 가슴을 뚫어지게 바라보는 새로운 버릇 때문이었다. 치한 취급을 받은 그의 시선은 짐작건대 여학생들의 가슴 라인을 쌍곡선 함수로 계산하고 있지 않았을까.

  '병'은 중학교 3학년 때까지 모든 과목에서 평균 수준인 학생이었다. 국어도 수학도 음악도 체육도. 사람에 대한 관심이 남달리 높은 학생이었으므로 인간관계를 다룬 과목이 있었다면 아마 우수한 성적을 받았을 것이다. 그는 고등학생이 된 후에도 여러 과목에서 평균 수준을 맴돌았는데, 오직 수학만 실력이 수직 상승하여 선생님도 인정하는 수학왕으로 등극했다. 그런데 이 친구는 쉽사리 그 비결에 대해 입을 열지 않다가, 어른이 되고도 한참이 지나서야 비로소 비밀을 털어놓았다. 고등학교에 입학한 후 대학생 누나에게 수학 과외를 받았는데, 그녀를 열렬히 사모한 나머지 수학을 정복하기로 결심했다는 것이다. 그는 《수학의 정석》을 외우기로 작정하고 볼펜 심 100개를 사서 문제 풀이 과정을 무한정 반복하며 썼는데, 정확히 100일 만에 100개의 빈 껍질을 손에 쥐고 회심의 웃음을 터뜨렸다고 한다.
  갑, 을, 병 세 사람이 수학을 정복한 방법은 각기 다르지만 하나의 공통점을 발견할 수 있다. 그것은 바로 '몰입'이다. '갑'은 명문대 입학에 대한 열망이 성취동기가 되어 수학에 몰입했고, '을'은 수의 세계 그 자체에 몰입했으며, '병'은 사랑 때문에 수학에 몰입했다. 셋 중에서 필즈상을 받을 만한 재목을 꼽는다면 가장 순도 높은 몰입 상태에 있었던 '을'이 아닐까. 세기의 난제 '푸앙카레의 추측'을 풀어낸 그리고리 페렐만도 자폐증의 한 유형인 아스퍼거 증후군(Asperger syndrome)이다.

몰입은 의식의 흐름이 물처럼 흘러가는 최고의 집중 상태라 할 수 있는데, 이와 같은 고도의 몰입은 강한 열망, 순수한 호기심, 깊은 사랑이라는 동기에 의해 시작될 수 있다.

고수가 되려면
초급 지식을 곁에 두고 다독하라

모든 것을 다 안다고 생각하면 더 많은 것을 배우기 어렵다.
· 존 템플턴 ·

"탄현과 스케일 연습을 하루도 거르지 않습니다."

KBS 〈열린 음악회〉, EBS 〈스페이스 공감〉, Art TV 등의 방송에 꾸준히 출연하며 활발한 연주 활동을 하고 있는 기타리스트 서정실의 말이다.

세계적인 기타리스트가 매일 빼먹지 않고 하는 일이란 단순 반복적인 기초 연습이다. 탄현 연습이란 기타의 왼손 코드를 잡지 않은 상태에서 오른손 검지와 중지 두 개를 번갈아 가며 띵-똥-땡-똥 두드리는 것이다. 스케일 연습은 여섯 줄의 기타 현을 왼손 네 손가락으로 반음씩 차례로 짚어 가며 올라갔다가 내려오기를 반복하는 일이다.

대학 동아리 후배이기도 한 그가 기타를 처음 접한 것은 대학생이 되고 난 후였다. 2학년 때 공학도의 길을 접고 미국으로 건너가 맨해튼음악대학에 입학할 때까지만 해도, 그가 세계적인 연주자가 될 것이라고 기대한 이들은 많지 않았다. 〈알람브라궁전〉의 추억이나, 영화 〈디어 헌터(The Deer Hunter)〉의 주제곡 〈카바티나〉 같은 고난도 곡을 화려하게 연주하는 사람들은 당시에도 적지 않았던 것이다. 그럼에도 불구하고 그가 세계적인 연주자로 자리매김하게 된 것은 누구보다 기초 연습에 충실했기 때문이다. 불 꺼진 학교 복도 한구석에서 띵-똥-땡-똥 울려 퍼지던 단순한 음들이 세월의 단련을 통해 감동적인 울림으로 숙성된 것이다.

바둑 해설가로도 유명한 장수영 바둑 기사는 홍익대학교 병설 경성중고등학교에서 프로 바둑 지망생들을 지도하고 있다. 그런데 그의 지도법에는 남다른 데가 있다. 그는 학생들의 기재(棋才)에 진정한 감탄을 보내고 자신감을 갖도록 격려한다. 바둑 9단인 실력 못지않게 소탈하고 겸손하기로도 9단인 장 사범이기에 그의 지도력은 한층 빛을 발한다. 프로 바둑 기사로 데뷔한 장 사범의 문하생들은 바둑계에서 맹활약하며 두각을 드러내고 있다.

"프로 바둑 기사들은 현현기경(玄玄棋經)˚ 같은 비급을 공부하겠지요?"

나의 물음에 장 사범이 대답했다.

"늘 하는 것은 기초 사활 공부입니다. 기초 공부를 게을리하면 승률이 오르지 않습니다."

고등학교 1학년 학생을 대상으로 실시한 학습 태도 진단 검사에서는 다음과 같은 결과표를 받는 학생들이 아주 많다.

'언어와 수학의 기초가 부실하여 학업 성취도가 낮습니다.'

진단 검사 결과표를 가정에 통지하면, 학생과 학부모 들은 다양한 반응을 보인다.

갑: 중학교 때 놀기만 했어요. 흘려버린 시간을 되돌릴 수도 없으니, 어쩌지요…….

을: 앞으로 열심히 하겠습니다. 마음잡고 공부하면 성적이 오를 거예요.

병: 과외를 받고 있으니 곧 향상될 겁니다.

˚ 1349년경 원나라의 명수(名手) 안천장과 엄덕보가 저술한 바둑책으로 가장 오래된 고전(古典)이다.

갑은 기초를 공부하는 데 특정한 시기가 있다고 생각하고, 을은 열심히 하면 학교 진도를 따라갈 수 있다고 상상하고, 병은 과외를 받으면 나아질 것이라 기대한다. 그러나 세 경우 모두 기초학력을 다지기 위한 공부 계획이 없기 때문에 눈에 띄는 성적 향상을 기대하기 어렵다. 기초가 약한 상태에서 고등 수학이나 고등 문법 책을 펼쳐 놓고 해답을 곁눈질하며 문제를 풀이하는 방식으로는 아무리 공부해도 제자리걸음을 면하지 못한다. 그렇다면 어떻게 해야 실력을 향상시킬 수 있을까?

모든 학문의 기초는 최대한 높여 잡아도 중학교 교과서의 수준을 넘지 않는다. 실례로 중학교 1·2·3학년 과학 교과서와 고등학교 과학 교과서를 비교해 보면, 핵심 내용에는 별다른 차이가 없음을 확인할 수 있다. 뿐만 아니라 중학교 교과서는 굵은 활자와 단순 명료한 설명, 커다란 시각 자료 덕분에 오래 기억하기에 더 용이하다.

어느 과목이든 학업의 수월성을 갖추기 위해서는 중학교 과정의 기초 개념을 확실하게 익히는 것이 필요하다. 또한 중학교 3년 과정을 모두 소화한 경우에도 그 지식이 증발해 버리지 않도록 틈틈이 복습해야 한다. 이것은 명연주자에게 탄현 연습이 긴요하고, 바둑 기사에게 기초 사활 연습이 중요한 것과 같은 이치이다.

그런데 교과서란 교육과 학습을 위한 기본 자료로 지식의 엑기스만 간추려 놓은 책이다. 따라서 교과서 한 권을 공부하는 것만으로는 풍부한 지식을 얻을 수 없다. 이것이 관련 도서를 많이 읽어야 하는 이유인데, 어려운 책보다는 쉽게 쓰인 책이 더 유용하다.

고등학교 과학 교사인 나는 중학생을 위한 70권짜리 과학 교양서를 틈틈이 읽는다. 이 책은 설명이 친절하고 활자 크기도 적당하다. 덕분에 진도가 쑥쑥 나가서 뿌듯한 성취감을 안겨 준다. 물론 오래 머무르며 깊이 생각해야 할 페이지도 종종 있다. 이런 부분은 지식을 더 튼튼하고 풍성하게 한다. 쉽게 쓰인 책에서 아인슈타인이나 파인만 같은 물리학자를 만나며, 엥겔만이나 왓슨 같은 생물학자도 만나고, 허블이나 칼 세이건 같은 천문학자도 만나고, 유클리드나 페르마 같은 수학자를 만나는 일은 참으로 흥미롭다. 나날이 그들의 세계에 친숙해지면서 덤으로 많은 지식을 얻게 되는데, 이는 독서가 주는 큰 희열이 아닐 수 없다.

실제로 기초 지식이라고 생각되는 것의 본질을 파고들면 심오한 세상이 그 속에 숨어 있다. 그 세상은 마치 흥부의 박 속과 같아서, 문제 풀이에 치중하는 공부만으로는 알 수 없다. 그러므로 공부하는 사람들은 최대한 많은 책을 두루두루 읽어야 한다. 또한 독서 중에 생기는 의문은 계속적인 독서를 통해 그 해답을 추적해 나가야 한다. '학자들도 그 문제에 대해서는 아직 모른다'라는 결론에 이른다면, 그곳이 지식 여행의 종착지가 될 것이다.

그렇다면 공부의 효율성을 높여 주는 책 읽기 방식은 무엇일까? 어떤 이는 정독(精讀)을, 어떤 이는 다독(多讀)을 권하지만 책을 읽는 동안에는 독서 방법을 의식할 필요가 없다. 책 읽기는 어떤 면에서 음식을 먹는 것과 같다. 때로는 게걸스럽게, 때로는 오물오물 곱씹으면서 그저 무의식의 흐름에 맡겨 두고 읽으면 된다.

엄밀히 말해서 다독은 독서의 방법이 아니라 독서의 방향이요, 결과이다. 엔트로피 증가의 법칙처럼 모든 독서는 다독을 향해 진행된다. 그리고 다독을 위해 어떤 책부터 읽어 나가야 할지를 특별히 고민할 필요도 없다. 우선 눈에 띄는 책부터 읽으면 되는데, 이처럼 순서나 체계와 관계없이 손에 잡히는 대로 읽는 것이 이른바 난독(亂讀)이다. 지인들 중 해박한 지식을 가진 사람 대부분은 난독하는 습관이 있다. 이들은 종이 쪼가리에 글씨만 적혀 있으면 무조건 읽고 본다.

올해 대학교에 입학한 제자 K는 10대에 2,000권 이상의 책을 읽었다. 장르를 불문하고 다양하게 읽지만, 때로 마음에 드는 책을 만나면 다섯 번 이상 정독하기도 한다.

"시험공부는 안 하고 책만 읽느냐?"

그의 독서 태도를 보고 어떤 선생님은 나무라기도 했다고 한다. 하긴 고등학교 1학년 때 내신 성적이 평균 4등급이었으니 그럴 법도 하다. 하지만 이후 꾸준히 실력이 향상되어 내신이 1.5등급, 대학수학능력시험 모의 평가 성적은 전국 백분위 99퍼센트 수준까지 올랐다.

어느 날 K가 내게 물었다.

"어른들은 양서(良書)를 읽으라고 하시는데, 그 책이 양서인지 아닌지 어떻게 알 수 있어요?"

사실 어떤 글이든 읽어 보기 전에는 그것이 자신에게 어떤 쓸모가 있을지 파악할 수 없다. 그것은 난독과 다독을 통해서 자신의 느낌으로 판단할 수 있을 뿐이다. 난독을 하다 보면 자연히 나름의 독서 취향이 생기게 되고, 점차 체계적인 다독의 방법을 찾아가게 된다.

책의 내용이 동일해도 독자에 따라서 얼마든지 달리 받아들일 수 있다.

"카뮈의 《이방인》이 문학 평론가들로부터 100대 소설에 꼽혔다는데요, 저는 별로였어요."

소설 속 이방인이 그야말로 이방인처럼 생각된다면 재미없을 수도 있다. 그러나 삶의 경험이 쌓여 이방인이 나 자신처럼 느껴질 때 작품과 인물에 대한 감상은 매우 달라진다.

K는 폭넓은 독서를 통한 뒷심으로 하루가 다르게 성장할 것이 분명하다. 그는 남북통일 후의 우리 사회에서 할 수 있는 보람된 직업이 무엇일지 고민하고 있다.

K와는 달리, 기억 용량의 한계 때문에 다독은 소용없다고 생각하는 학생들도 있다.

갑: 선생님, 책을 많이 읽어 봤자 어차피 잊어버릴 텐데요. 애써 공부할 필요가 있나요?

을: 맞아요. 시험공부를 미리 하면 다 까먹어요. 그래서 저는 벼락치기로 공부해야 성적이 잘 나와요.

갑과 을의 말처럼 망각은 인간의 피할 수 없는 숙명이다. 사람 몸의 세포도 10년이면 모두 새것으로 교체된다고 하니, 따지고 보면 인간의 어릴 적 기억이란 모두 재건된 기억일 수도 있겠다. 그렇다면 우리는 더욱 공부하지 않으면 안 된다. 망각으로 말미암아 아무

것도 못하는 바보가 되기 싫다면 말이다.

내가 단기간에 가장 많은 책을 읽은 것은 한국과학창의재단에서 해마다 선정하는 우수 과학 도서의 심사 위원을 맡았을 때이다. 과학 도서 100권가량을 한 달 동안 읽고 심사평을 써야 했는데, 처음 일주일은 읽는 속도가 매우 느렸다가 날이 갈수록 빨라졌다. 지식과 지식이 서로 연결되고 확장되면서 내용을 이해하는 능력에 가속도가 붙었기 때문이다.

이 일을 하면서 깨달은 것이 몇 가지 있다. 다독을 하면 많은 지식이 쌓일 것이라고 생각하지만 꼭 그렇지만은 않다는 것, 우리의 지식은 대부분 불완전하고 부정확하다는 것, 증거와 논리로 무장한 개념조차 과학자들마다 견해가 다를 수 있다는 것, 도무지 이견이라고는 없을 듯한 과학 법칙도 극단의 범위를 넘어서면 통하지 않을 때가 많다는 것, 서로 완전히 다른 사물이나 현상이라고 믿었던 것이 실제로는 동일한 것일 때도 있다는 것 등이다.

다독은 우리가 '장님 코끼리 만지듯' 불완전하게 알고 있는 지식이 얼마나 많은지를 느끼게 하고, 거칠고 날카롭기만 하던 지식의 칼을 부드럽고 유연하게 만들어 준다. 그래서 얻게 되는 것은, 불편하거나 부당하거나 비합리적인 일에 대해서 화내지 않고 쓰다듬을 수 있는 아량이다. 아량은 타인이나 자기 자신을 공격하지 않고도 이길 수 있는 게임 아이템과 같다. 다독은 그 아이템의 레벨을 향상시키는 유용한 독서법이다.

방법을 설계하면
능률이 오른다

어떤 일이든 제대로 되지 않으면 즐겁기는커녕 힘만 든다. 지금 하고 있는 공부가 그런 상태라면 변화를 꾀해야 한다. 그것은 문제의 원인 분석, 개선 방향의 탐색, 구체적 방안의 강구 및 실행, 평가 이렇게 네 단계 과정을 밟음으로써 가능하다.

우선 문제의 원인은 두 가지 방향에서 분석할 수 있다. 하나는 원인을 '자신'에게 두는 것이고, 다른 하나는 '상황 혹은 환경'에 두는 것이다. 그런데 생물의 생존과 적응이라는 측면에서 본다면, 모든 문제는 상황에서 비롯되는 것이지 개인의 내부에서 발생하는 것이 아니다.

잘 알려진 《이솝우화》 '여우와 두루미'를 떠올려 보자. 여우는 호리병에 든 수프를 먹을 수가 없고, 두루미는 접시에 담긴 수프를 먹기가 곤란하다. 이를 두고 여우나 두루미의 능력에 문제가 있다고 말할 수는 없을 것이다. 우리가 어떤 문제에 처해서 이를 해결하려할 때에도 마찬가지이다. 온전히 내 능력이 부족해서 혹은 내가 멍청해서 문제가 발생했다는 식의 생각은 문제를 해결하는 데 별로 쓸모가 없다.

타고난 신체나 능력 그대로를 존중하는 것은 자신에 대한 예의이다. 100미터를 10초 이내에 뛰지 못한다고 해서 무슨 문제가 있는가? 남에게 해를 끼치지 않는다면 그것만으로도 훌륭하다. 사회 구성원으로서 꼭 필요한 좋은 자질을 갖춘 것이니까 말이다. 다만 자신이 성장하기 위해서는 주어진 상황에 적응해야 하고, 적응 과정에서 파생되는 문제를 해결하려면 자기 변화가 필요하기도 한 것이다.

그럼 이제 상황적·환경적 원인에 대해 생각해 보자. 공부의 원동력은 개인에게 내재되어 있는 학습 본능이다. 사람들은 흔히 개인의 학습 본능을 교육이 촉진할 것이라고 믿지만, 그것은 때로 반대 기능을 하기도 한다. 왼손잡이에게 오른손 교육을 고집하는 경우처럼 말이다. 그런데도 교육은 늘 공부의 촉진제 역할만 하는 것처럼 홍보되어 왔다. 그래서 공부를 못하거나 공부에 별 흥미를 느끼지 못하는 학생들에게는 '모든 것이 네 탓'이라는 진단을 내리곤 한다. 하지만 기성복이 몸에 맞지 않을 때 과연 그 체격이 잘못이라고 말할 수 있을까?

학교 공부가 만족스럽지 않을 때 학생은 어떻게 해야 할까? 가장 쉬운 방법은 학교를 그만두는 것이다. 그러나 학교교육을 포기했을 때 과연 학습 본능이 활활 살아날 수 있는지를 먼저 신중하게 검토해야 한다. 한 해에 8만 명가량의 중·고등학생이 학업을 중단하지만, 그것이 옳은 선택인지는 확신할 수 없기 때문이다. 특히 충동적인 자퇴는 무모한 가출처럼 위험하다.

학교에서 공부하는 것은 다수의 사람들이 다니는 등산로를 따라 걷는 것과 같다. 그 길이 어디로 향하는지 모를지라도 인파에 묻혀 가면 훨씬 덜 불안하다. 그래서 부모는 지당한 선택으로써 자녀를 학교에 보낸다. 반면 아이의 입장에서 학교는 자신이 선택한 곳이 아니다. 오히려 학교에 던져진 상황이라고 보는 것이 맞을 것이다.

학교 공부가 불만족스럽지만 학교를 그만두기는 어려운 상황일 때, 학교 안에서 공부의 재미를 찾을 수 있다면? 그렇다면 학교를 다니지 않을 이유가 없을 것이다.

나는 어떤 경우에 재미를 느끼는지 스스로 질문해 보자. 혹시 컴퓨터게임을 좋아한다면, 컴퓨터게임에 어떤 흥미로운 요소가 있는지 분석하고 이를 공부에 적용할 수 있다.

스타크래프트 게임을 처음 대했다고 가정해 보자. 처음부터 게이머인 사람은 없으므로 일단 구경꾼의 입장에서 게임을 관찰할 것이다. 컴퓨터 화면에 개떼처럼 보이는 저글링이 돌아다니고, 사람을 닮은 마린이 총질을 하고, 꼬챙이 손을 가진 질럿이 이리저리 배회한다. 그들의 보호 속에 종족의 일꾼들은 열심히 광물과 가스를 캐고 있다. 구경꾼의 내면에는 서서히 호기심이 발동한다. 이 호기심은 곧 나도 게임을 해 보고 싶다는 욕구, 곧 실천 의지로 바뀐다. 게임 캐릭터를 움직이는 방법을 배우고, 수비와 공격 기술을 모방하며 학습과 수련을 시작한다. 벙커를 짓고 탱크도 만들면서 열심히 공부한다. 그런데 게임의 진정한 재미는 전략의 설계에 있다. 적의 설계를 예상하고, 설계한 자신의 전략이 들어맞았을 때 짜릿한 희열을 맛보게 된다. 여기에 아이템을 얻는 보상까지 주어진다면 금상첨화이다.

공부 현장인 학교에서 학생은 어떤 역할을 하고 있는가? 학생은 학교교육의 설계자가 아니다. 학생은 관련 부처와 교사가 설계한 교육과정이나 수업을 수동적으로 받아들이는 입장에 놓여 있다. 물론 이런 형태의 교육에 잘 적응하는 학생도 있지만, 많은 경우 이 같은 상황에서는 재미를 느끼기가 쉽지 않다. 선생님이 동영상이라도 틀면 잠시 호기심을 보였다가 이내 식기 마련이다. 단순한 호기심은 잠깐 동안 주목하는 효과를 낼 수는 있어도 지속적인 공부의 즐거움을 주기는 어렵다. 그 내용이 초등학교와 중·고등학교에서 반복되는 것이라면 더욱 그렇다. 또한 교과서는 과목마다 아주 많은 내용을 다루고 있는 탓에 학생들이 이해하기가 너무 어렵다. 수천 년에 걸친 학문의 성과를 한 권의 책에 모두 담아냈기에 그럴 수밖에 없는 측면도 있다.

근래 들어서 '자기 주도 학습'이 강조되는 이유는 무엇일까? 학습은 밖으로부터 주입되는 지식에 의해서가 아니라 개인에게 내재된 학습 본능에 의해 이루어지기 때문이다. 자기 주도 학습은 교과서가 일일이 설명하지 못하는 배경지식을 스스로 찾아가는 과정에 그 핵심이 있다. 가령 '태양의 표면 온도가 6,000도'라는 과학 지식을 단순히 암기하는 것은 시간 낭비에 가깝다. 중요한 것은 그 사실을 어떻게 알아낼 수 있는지를 아는 것이다. 이것은 스스로 탐색하고 몰입하는 공부를 통해 가능하다. 학생은 선생이 자신의 지식을 일일이 떠먹여 줄 것이라고 기대해서는 안 된다. 세상의 모든 일을 남이 일러 주어야만 알 수 있다면, 스스로 인생을 설계할 수 있는 동력을 어디서 얻겠는가?

요컨대 학습의 개선 방향은 의존적이고 수동적으로 공부하는 자세를 주도적이고 능동적으로 바꾸는 것에 핵심이 있다.

개선 방향을 설정했으면, 이제 구체적인 실천 방안을 강구하고 이를 실행에 옮길 차례이다.

우선 수업에 임하는 태도부터 앞서 말한 대로 주도적이고 능동적으로 바꿔야 한다. 수업의 능동성은 지식의 암기가 아니라 질문에서 나온다. "왜 그런가요?" "어떻게 알 수 있나요?"라고 질문하는 것은 학생이 능동적으로 수업에 참여할 수 있는 최선의 방법이다. 이것은 자신이 주도하고 선생님의 도움을 얻는 공부 방식이다. 물론 선생님이 늘 만족스러운 답을 주지는 못할 것이다. 이럴 때 이용하라고 있는 것이 바로 도서관이다. 도서관에서 필요한 지식을 스스로 찾아내는 일은 암석 속에서 화석을 발견하는 것과 같은 쾌감을 준다.

다음으로 협소한 공부 목표나 공부 내용으로부터 벗어날 필요가 있다. 곧 부모나 선생이 제시하는 가치 기준으로부터 과감히 자유로워져야 한다는 것이다. 교과서 한 권과 참고서 한 권에 의지하는 공부는 1등급, 곧 4퍼센트만 만족할 수 있는 세계에 매달리는 일이다. 제대로 공부하려면 성적과 등수로부터 좀 더 의연해질 필요가 있다. 흥미롭게 공부하려면 교과서 지식을 그냥 암기하는 대신, 일반 도서를 가능한 많이 읽어야 한다. 교과서는 식물의 광합성을 한 쪽 분량으로 설명하지만, 도서관에 꽂힌 책은 광합성을 알파부터 오메가까지 소상히 알려 준다. 어느 한 분야라도 선생님이 모르는 것을 알기 시작할 때 비로소 자기 주도적인 공부의 문이 열린다. 그리고 당장은 최상위권 성적을 받지 못한다 할지라도, 장차 식물학자로 혹은 나무를 특별히 사랑하는 사람으로 성장하게 될 것이다.

마지막으로 교실 중심의 학습에서 적극적으로 벗어나야 한다. 수동적이고 의존적인 공부를 탈피하는 좋은 방법 중 하나는 동아리에 가입하는 것이다. 문예반, 독서토론반, 영자신문반, 창의수학반, 과학탐구반, 발명반, 방송반 등 다양한 동아리 활동을 통해 주도적·능동적·협력적인 공부를 할 수 있다. 동아리는 부원들 스스로 활동을 설계하고 서로 가르치며 배운다는 점에서 매우 훌륭한 배움의 장이다. 동아리 지도교사는 학생들의 활동에 최소한의 도우미 역할밖에 하지 않지만, 그것이 오히려 커다란 배움의 기회를 제공한다. 동아리는 대화와 질문, 증거와 반박, 갈등과 해결의 과정이 특징인 유대인의 '하브루타' 학습이 자연스럽게 일어나는 공간이다. 동아리 활동을 통해 자신의 진정한 끼를 발견한 학생들은 그 분야에서 성공적인 직업인으로 크는 경우가 많다. 만약 자신이 들어가서 활동하고 싶은 마땅한 동아리가 없다면, 뜻이 맞는 친구들을 모아 새로운 동아리를 결성하면 될 일이다.

이제 마지막 과정인 평가 단계에 이르렀다. 평가의 목적은 방법의 타당성을 검토하고 더 나은 방향으로 공부법을 개선하는 데 있다. 이때 자신을 남과 비교하여 더 잘했다거나 못했다는 식으로 평가하는 것은 도움이 되지 않는다. 그것은 사회나 집단이 어떤 목적을 가지고 개인을 평가할 때 쓰는 도구이다. 학생 개인의 목표와 학교의 목표는 엄연히 다르다. 학생이 자기 주도적인 공부를 하는 데 있어서 학교의 평가 방식에 크게 휘둘릴 필요는 없다. "너는 성적이 왜 이 모양이니?" 하고 선생님이 묻는다면, "제가 이 모양이 아니면 다른 누가 이 모양이 되겠죠"라고 응수할 일이다. 굳이 말로 표현하지는 않더라도 그만큼의 의연함이 필요하다는 얘기이다. 상대평가는 결국 제로섬(zero-sum) 게임이다. 내가 아니면 다른 누군가가 9등급이 될 수밖에 없는 구조이다. 이를 윈윈(win-win)이라고 주장하는 사람들이 있는 것은 개인을 세상의 주인공으로 보느냐, 사회를 유지하는 데 필요한 수단으로 보느냐 하는 관점의 차이 때문이다. 우리 모두는 자신의 삶에 있어 주인공이다. 따라서 스스로 자기 주도적인 공부 목표를 설정하고, 이를 달성하기 위해 학교교육을 이용한다고 생각할 필요가 있다.

대학 입시도 진화를 거듭하여 수시 모집 정원이 정시 모집 정원을 압도한 지 꽤 오래되었다. 말하자면 대학의 학생 선발 방식이 수능을 통한 획일적 평가에서 다양한 학업 활동의 평가로 옮겨 간 것이다. 대입 면접관은 지원자가 학업 활동 중에 생긴 갈등과 어려움을 어떻게 해결했는지, 그 과정에서 어떤 소중한 체험을 하였는지, 그 체험이 앞으로의 공부에 어떻게 긍정적으로 작용할지를 살펴본다. 그래서 동아리 활동, 체험 학습, 독서 활동, 봉사 활동의 내용은 입시에서 중요한 평가 대상이 된다. 그런 활동 내용을 통해 지원자가 가진 열망과 잠재력을 가늠할 수 있기 때문이다. 한편 이러한 대학의 신입생 선발 방침을 잘 알고 있는 중·고등학교는 각종 탐구 대회와 학습 캠프를 개최하고, 의미 있는 봉사 활동에 참여하도록 학생들을 유도한다. 그렇지만 이 또한 어른들이 마련해 준 자리에 수동적으로 참여한 것이라면 형식적인 활동이 되고 만다. 아무리 잘 포장해도 스스로 설계하여 활동하지 않은 것은 티가 나게 되어 있다. 가령 앨빈 토플러의 《제3의 물결(The Third Wave)》에 감동받았다고 자기 소개서를 쓰는 학생들이 너무나 많은 것은 독서 활동마저 어른의 도움으로 이루어졌기 때문이다. 판타지 소설 〈드래곤 라자〉나 〈가즈 나이트〉 시리즈를 감명 깊게 읽었다고 솔직하게 쓰면 어떤가? 현명한 대입 면접관은 솔직하지 않은 것에 후한 점수를 주지 않는다.

가능하면 여럿이 함께하는 협동적 학습이 좋지만, 그런 동아리 활동이 내키지 않는다면 홀로 동아리 활동을 할 수도 있다. 태양의 표면 온도를 재고 싶다면 온도계와 물통을 들고 운동장으로 나가자. 물통과 온도계만 있으면 햇빛이 물 온도를 얼마나 올리는지 측정할 수 있다. 지구에서 측정한 햇빛의 열량을 단서로 태양이 발산하는 에너지의 양을 계산하는 데에는 '구의 표면적 구하기 공식' 하나면 충분하다. 그 정도는 뙤약볕에 앉아 며칠만 생각하면 알 수 있다. 만약 그것이 생각나지 않는다면 어디서 누구의 도움을 받을지 스스로 결정하자. 그것이 학습의 주도적 설계이다.

교실에는 소설가도 과학자도 없고 경영인도 엔지니어도 예능인도 살지 않는다. 이것이 학생이 자신의 미래 설계를 교실 수업에만 의존해서는 안 되는 이유이다. 제대로 공부하고자 하는 모든 사람은 도서관으로, 운동장으로, 동아리로 움직여야 한다. 지켜본 바에 의하면 위와 같은 과정으로 공부 방향을 모색한 학생들은 공부에도 흥미를 붙였고, 자연히 성적도 향상되었다.

시간, 그 개념과 운영 패턴을 바꾸어 보자

승자는 시간을 관리하며 살고 패자는 시간에 끌려 산다.
· 시드니 J. 해리스 ·

영주의 방학 4주 차 일기.

'이번 방학에는 밀린 공부를 해야겠다고 생각했다. 그런데 며칠 게으름을 피우다 보니 일주일이 후딱 지났다. 2주 차에는 친구들과 좀 놀았다. 3주 차에는 친척 누나 결혼식이 있었고, 부모님이 돈 문제로 다투셨다. 마음이 어수선해서 공부를 못 했다. 방학 4주 차가 되었다. 내일모레면 개학이다. 아……. 개학하기 전에 푹 자 두어야 겠다.'

영주는 평소 학기 중에도 주 단위의 생활 패턴을 가지고 있다. 월요일부터 금요일까지는 학교 일과를 좇아가며 수동적으로 보내고, 토요일과 일요일은 한 묶음의 휴일로 생각하여 늘어지게 쉬면서 보내는 것이다. 매 주말이면 늦잠의 달콤함에 취해 오후까지 어영부영 보내다가 밤이 되면 정신이 말짱해지기 일쑤이다. 밤은 자유를 만끽하기에 좋은 시간이다. 영주는 밤 시간이 고무줄처럼 길게 늘어나면 좋겠다고 생각한다. 또 영주는 일요일 오후만 되면 속이 편치 않다. 월요병의 조짐이 슬슬 나타나기 때문이다. 금요일, 토요일, 일요일만 반복된다면 얼마나 좋을까? 영주처럼 일주일 단위의 생활 패턴에 익숙해지면, 목요일 저녁쯤에는 마음속 어딘가에서 일주일을 마무리하라는 신호가 자꾸 울린다.

'내일은 불금이다! 이번 주는 다 지나갔어. 다음 주부터 진짜 열심히 하자.'

그래서 목요일에 세우는 새로운 계획은 대개 그다음 주 월요일부터 실행하는 것으로 미루곤 한다. 그러다가 월요일에 시작하지 못하고 하루 이틀 뒤로 미루게 되면, 또 한 주일이 바람결에 책장 넘어가듯 훌렁 지나간다. 이런 식으로 흘려보낸 시간은 공부의 효율성을 크게 떨어뜨린다. 이삼일 쉬는 동안에 앞서 사오일 동안 쌓아 놓은 지식이 지리멸렬하게 흩어지고 생각의 맥이 끊어져 버리기 때문이다.

무엇인가 작심한 대로 이루어지지 않을 때, 도식적인 사고나 관념을 뒤바꾸면 문득 길이 열리는 경우가 종종 있다. 시간에 대한 관념을 바꾸는 것도 한 가지 방법이다. 나의 시간 경영법은 다음과 같다. 24시간으로 규정된 하루를 삼등분하여 3일로 만든다. 즉, 여덟 시간을 하루로 생각하고 생활하는 것이다.

학교의 일과가 시작되는 오전 여덟 시부터 일과가 마무리되는 오후 네 시까지는 '학교의 하루'이다. 오후 네 시가 되기 전에 학교에서의 일을 마무리하자면 고도의 집중력을 발휘하여 일에 몰입해야 한다. 오후 네 시 이후부터는 새 하루를 시작해야 하므로 수업, 회의, 상담, 행사, 연구 및 평가, 행정 처리 등 많은 일을 깔끔하게 완료해야 하기 때문이다.

만약 그 시각까지 일을 마무리하지 못한다면, 이틀(열여섯 시간)이 지나서야 비로소 학교 일을 다시 할 수 있다. 이 규칙은 스스로 정한 약속이므로 웬만해서는 깨뜨리지 않는다. 오후 네 시까지 처리하지 못한 일이 있다면 그것은 내 잘못이 아니다. 내가 처리할 수 있는 용량 이상으로 주어진 업무량이 많았던 탓이므로, 굳이 책임 소재를 따지자면 과중한 업무를 부과한 기관에 잘못이 있다. 이와 같은 당당함은 내 성실성과 능력에 대한 스스로의 믿음을 바탕으로 한다.

오후 네 시부터 자정까지는 '교류의 하루'이다. 교류의 하루를 어떻게 쓸 것인지는 나의 의지로 결정한다. 만약 학교의 하루를 연장하는 형태인 방과 후 교육 활동을 해야 한다면, 그 일이 의미 있고 보람된 일이라고 판단할 때에만 한다. 30~40대에 밤늦도록 학교에 남아 야간 상담을 많이 했지만 이는 누가 시켜서 한 일도, 누군가 알아주기를 바라고 한 일도 아니었다.

교류의 하루에 하는 일은 자발적인 것이므로 모두 생산적이다. 벗을 만나 이야기를 나눌 수도 있고, 홀로 책을 읽거나 교재를 연구할 수도 있다. 운동을 하거나 취미 활동을 하거나 영화를 볼 수도 있다. 여덟 시간이면 서울에서 부산을 다녀올 수도 있는 시간이다. 가족을 위해서 운전기사 노릇을 할 수도 있고, 음식을 요리할 수도 있다. 교류의 하루는 '자발성'이 핵심이다. 교류의 하루는 돈을 벌거나 지위 유지를 위해 쓰는 시간이 아니다. 내 인생의 진짜 주인인 자신을 위해, 그리고 더불어 살아가는 사람들을 위해 운용하는 시간이다.

자정부터 오전 여덟 시까지는 '명상과 휴식의 하루'이다. 자정부터 새벽 한 시 사이는 글쓰기에 적합한 시간이다. 그러나 눈꺼풀이 무거워지면 곧바로 취침한다. 이틀이나 잠을 자지 않았으므로 잠드는 데 1분이면 충분하다. 그때부터 오전 여섯 시까지는 수면 시간이다. 대여섯 시간만 자면 만성적인 수면 부족으로 피곤할 것 같지만, 신체는 습관을 받아들이고 이에 적응하는 탄력성이 있으므로 일상 생활에 아무런 지장이 없다.

오전 여섯 시부터 여덟 시까지는 학교의 하루를 준비하는 시간이다. 러시아워를 피하려면 출근길을 서둘러야 한다. 그렇지만 아무리 바빠도 매일 아침 따뜻한 물로 목욕하여 상쾌한 하루를 준비하는 일은 거르지 않는다.

여덟 시간을 하루로 잡아서 생활하면 시간 부자가 된다. 우선 직장(학교)을 3일에 한 번 출근하는 기분이 든다. 아니, 기분만 그런 것이 아니라 여덟 시간이 하루니까 실제로도 그렇다. 3일에 한 번 출근하는 직장이라면 누구라도 아주 기분 좋게 다닐 수 있을 것이다.

다음으로 일주일에 8일의 연휴가 생긴다. 금요일 오후 네 시부터 월요일 오전 여덟 시까지 64시간의 주말이 주어지므로, 무려 8일간의 연휴가 내 앞에 펼쳐지는 셈이다. 8일 동안 무엇을 할까? 하릴없이 빈둥거리기에는 너무나 긴 나날이다. 나는 이 시간을 활용하여 책을 내는 작가가 되었다.

여덟 시간 단위의 하루를 잘 살기 위해서는 지켜야 할 몇 가지 원칙이 있다.

첫째, 전환에 익숙해져야 한다. 컴퓨터 자판에서 시프트(Shift) 키를 누르면 '12345678'이 '!@#$%^&*'로 바뀐다. 바로 이것이다. 자정을 알리는 종소리에 맞추어 신데렐라가 무도회장에서 빠져나오듯이, 전환은 삽시간에 진행되어야 한다. 하던 일을 빨리 중단할 수 있어야 새로운 일에 빨리 몰두할 수 있다. 놀 때는 열심히 놀고 공부할 때는 열심히 공부하는 것, 그 성패는 전환 속도에 달려 있다.

둘째, '지금 여기'에서 할 수 있는 일에만 집중한다. 하루가 여덟 시간뿐이라고 생각하면 집중력이 향상된다. 지금 여기서 할 수 있는 일이 아닌 것에는 신경 쓸 겨를이 없다. 혹시 이성과의 사랑에 취해 있는 기간일지라도, 지금 여기서 상대에게 행동으로 보여 줄 것이 없다면 말끔히 잊고 지금 여기의 일에만 몰두한다. 그래도 자꾸 잡념이 생긴다면 차라리 교류의 하루를 일부 할애하여 '잡념을 즐기는 시간'으로 활용하는 편이 낫다.

셋째, 때로는 융통성을 발휘해야 한다. 점심 식사 후 15~20분 동안 낮잠을 자거나, 때로는 초저녁부터 이부자리를 깔고 잘 수도 있다. 금과옥조처럼 떠받들어 경직된 원칙은 깨지기도 쉬우므로 때로는 원칙을 유연하게 운영할 필요가 있다. 그러나 이를 핑계로 중독 가능성이 높은 일을 아무 때나 하는 것은 삼가야 한다. 특히 성인의 경우에도 평일에 술을 마시는 일은 없어야 한다. 음주는 시간 관리를 엉망으로 만드는 최악의 적이다.

하루 여덟 시간의 습관을 익히는 것은 훈련으로 가능하다. 학생이라면 '학교의 하루' 동안에는 학교 일과를 모두 소화하기 위해 스스로 최선을 다해야 한다. 가령 수업 시간에는 수업에 온전히 집중하고, 자율 활동과 동아리 활동 시간에는 그 활동에 열정적으로 참여함으로써 이 습관을 체화할 수 있다.

대입 진학을 앞둔 경우라면 '교류의 하루'를 '향상의 하루'로 운영하는 것이 바람직할 것이다. 그런데 여기서도 '자발성의 원칙'은 반드시 지켜야 한다. 야간 자율 학습을 하거나 학원 수강을 하는 경우에도 타인의 결정에 의해 어쩔 수 없이 한다는 생각은 버려야 한다. 의존성은 타인의 강요 때문에 생기는 것이 아니라, 사실은 책임을 회피하고 싶은 자기의 무의식이 만드는 것이기 때문이다.

어떻게 하면 의존성에서 벗어날 수 있을까? 그 방법은 자기 자신을 존경하는 것이다. 인간이 스스로를 만물의 영장이라고 믿는 데 특별한 이유가 없듯이, 개인이 자신을 존경하는 데에도 특별한 이유가 필요하지 않다.

여왕개미처럼
공부하라

외할머니는 어린 나에게 세상에서 제일 슬픈 일이 '배고픔'이라고 하셨다. 공부를 왜 하는 것이냐는 물음에는 '사람답게 살기 위해서'라고 대답하셨다. 글을 읽을 줄 모르는 여자로 격동의 시대를 살아야 했던 당신에게는 배우지 못한 것이 천추의 한이었다. 외할머니는 인생 말년에 아라비아숫자를 겨우 익히셨는데, 혼자 힘으로 노선버스를 타던 날 소리 없이 눈물을 흘리셨다.

'사람다운 것'이란 무엇일까? 사람이 사물 또는 다른 생명과 뚜렷이 구별되는 지점은 사람이 '생각'하는 존재이며 '발명'하는 존재라는 데 있다.

'생각'을 뇌의 신호처리 정도로 단순하게 이해한다면, 고양이나 쥐도 생각한다고 볼 수 있다. '쟤를 어떻게 잡을까?' '쟤를 어떻게 피할까?' 하는 본능적인 생각은 동물들도 하기 때문이다. 따라서 '어떻게 하면 잘 먹고 잘 살까?'를 고민하는 것은 동물과 뚜렷이 구별되는 고차원적 행위라고 할 수 없다.

사람의 생각에는 '왜 그럴까?' 하는 사유가 포함되어야 한다. 거기에 '꼭 그래야 하는 것일까?' 하는 의문이 더해지면 '비판적 사고'가 되고, '이렇게 하면 어떨까?' 하는 발상이 더해지면 '창조적 사고'가 된다. 특히 공부하는 사람에게는 이러한 비판적 사고와 창조적 사고가 충만해야 한다.

초·중·고등학교에서 받는 교육은 크게 두 가지 측면에서 학습자에게 만족감을 주지 못한다.

첫 번째 불만족은 학교교육이 대중 급식소의 음식처럼 제공되는 데에서 비롯된다. 학교교육은 개인의 취향을 반영하지 않으며, 학생들은 미리 짜인 교육과정대로 배우게끔 되어 있다. 학년이나 나이가 같다고 발달 속도마저 같은 것은 아닌데, 이와 같은 개인차 역시 고려되지 않는다. 음악이나 체육처럼 개인이 더 좋아하는 과목이 있어도 그것을 더 많이 배우도록 배려해 주지도 않는다. 몸이 아파서, 집안에 우환이 있어서, 인간관계에서 오는 신경증이나 기타 정신적인 고통 때문에 수업을 제대로 소화하지 못했을 때에도, 학교 수업은 정각에 떠나는 열차와 같아서 뒤처진 학생을 기다려 주는 법이 없다.

두 번째 불만족은 학교교육의 목적이 개인을 위한 것이 아니라는 데에서 비롯된다. 사회학자 에밀 뒤르켐(Émile Durkheim, 1858~1917)의 말을 빌리자면, '교육은 사회의 집단의식을 아동에게 물려주는 사회화 과정'이다. 학교는 사회라는 유기체의 일부이기 때문에 그 사회가 원하는 방향으로 교육과정을 구성하게 된다.

약간의 우월감과 적절한 열등감을 동시에 가진 일꾼이 많아야 사회가 융성한 문명을 유지할 수 있으므로, 모두를 여왕개미로 키우는 교육과정은 애초부터 만들어지지 않는다. 학교교육은 학습자로 하여금 무엇을 알도록 가르치는 동시에 무엇을 모르고 있는지˙를 알려 주는 역할을 함으로써 사회의 기능성을 높이는 데 기여한다.

일개미로 태어난 개미는 그 임무에 충실할 뿐이지만, 사람은 '나

˙ 무엇을 모르고 있는지를 아는 것은 '메타 인지'와 관련되는 것으로, 오만과 편견 또는 그릇된 믿음에 빠지지 않도록 제어하는 역할을 한다.

는 왜 여왕개미가 될 수 없는 것인가?' 하는 의문과 불만을 품는다. 사람은 비판적으로 사유하는 존재이기 때문이다.

학교 공부가 지겹다는 생각이 들 때 유익한 것은 내가 '진짜 공부'를 한 적이 있는지 자문하는 일이다. 단어나 공식을 외우는 것은 공부를 위한 준비 과정일 뿐 진정한 공부라고 할 수 없다. 학교교육이 세상을 구경하기 위해 떠나기 전날 밤 짐을 꾸리는 과정이라고 생각한다면, 자신이 왜 학교 공부를 지겨워했는지 대충 감이 올 것이다.

여왕개미가 되려면 무엇이 필요할까? 신혼 비행을 마치고 하늘에서 땅으로 떨어져 내린 공주 개미는 스스로 날개를 떼어 내고 팔뚝을 걷어붙인다. 자신이 발을 딛고 선 땅에 새 왕국을 건설해야 하기 때문이다. 굴을 뚫는 일은 힘들고 고독한 작업이다. 곁에 아무도 없기에 쓸쓸하기 이를 데 없지만 공주 개미는 자신의 몸에 잉태된 생명의 기운을 느끼며 힘을 낸다.

"이 일을 꼭 해내야만 한다. 그리고 나는 할 수 있다."

공주가 여왕이 되는 과정에서 가장 중요한 것은 바로 고독의 시간을 이겨 내는 일이다. 자신이 건설할 왕국의 미래는 온몸의 기력이 다할 때까지 최초의 개미굴을 얼마나 깊이 파느냐에 달려 있다. 해가 지기 전에 최대한 깊이 굴을 뚫지 못하면 왕국의 건설은커녕 자신마저 바람에 흩날리는 껍데기가 되어 버릴 수도 있다.

천착(穿鑿)의 힘든 과정을 잘 이겨 낸 공주 개미는 비로소 여왕개미가 된다. 일개미와 다를 바 없던 작은 존재가 여왕개미로 거듭나려면, 하늘을 향해 날아오르는 용기와 더불어 혼신의 노력을 다하는 천착이 필요하다. 우리도 그러하다.

해도 해도 성적이 안 오를 때의
마음 사용법

전교 281등의 성적으로 입학한 N이 전교 5등까지 올라가는 데 걸린 시간은 1년 3개월. 소문은 EBS 〈공부의 왕도〉 제작 팀의 귀에도 들어갔고, 취재 팀이 우리 학교를 방문했다. 그런데 N의 공부 동기는 기대가 무색하게 싱거웠다.

"놀기만 하면 이다음에 뭐가 될까 하는 생각이 들어서 공부하기 시작했어요."

공부법에도 특별한 것은 없었다. 교과서를 읽고, 모르는 부분에 밑줄을 치고, 사전을 찾아 쪽지에 메모하여 붙이고, 다시 읽고, 쓰고, 외우고…….

N 덕에 〈공부의 왕도〉를 종종 보게 되었다. 지금은 종영된 〈공부의 왕도〉는 알다시피 학업 성취와 성적 향상이 남달랐던 학생들을 취재한 프로그램이다. 방송사 홈페이지의 다시 보기에 실려 있는 총 176편에는 각 회마다 소제목이 붙어 있는 것을 볼 수 있다. 밑줄의 기술, 삼색 필기법, 질문 공부법, 누적 복습법, 콩나물 공부법, 라디오 공부법, 교과서 10독법, 거꾸로 공부법……. 저마다 각양각색의 공부법으로 자신이 설정한 목표를 이루어 나가는 모습이 대견스럽다.

"나름대로 공부의 왕도를 찾아 성적이 향상된 학생들의 공통점은 무엇일까?"

집단 상담에 참여한 학생 A가 대답했다.

"노력이요. 자기를 믿고 정말 열심히 공부한 결과인 것 같아요."

학생 B가 말했다.

"걔들은 원래 머리가 좋은 거겠죠. 머리 나쁜 놈은 아무리 해도 안 돼요."

B는 심사가 편치 않은 모양이다. '머리 나쁜 놈'은 자신을 뜻하는 것일 게다.

"여러분 선배 중에 O라는 학생이 있었는데……."

O는 정도가 심한 학습 부진아로 자기 이름을 영어나 한자로 쓸 줄 몰랐다. 수업 태도는 반듯했지만 학급 석차 꼴찌인 O가 알아들을 수 있는 수업 내용은 거의 없었다. 저학력 부모 밑에서 제대로 돌봄을 받지 못한 터라 졸업장의 가치에 대해서도 알지 못했다.

어느 날 O가 내게 물었다.

"선생님, 대학교를 나오면 월급을 더 많이 받나요?"

"일반적으로 그렇다고 할 수 있지. 고졸과 대졸이 받는 월급은 차이가 있어."

"똑같이 일해도요? 왜 그런 거죠?"

"음……. 대학을 나오려면 몇 년의 시간이 더 걸리고, 등록금도 내야 하니 비용이 많이 들겠지?"

"네."

"회사는 그 비용을 생각해서 월급을 더 많이 주는 것이라고 보면 돼. 그러니까 능력이 같아도 대학 졸업장이 없으면 장기적으로는 불리하지."

O는 그날 이후 쉬는 시간에도 교과서를 펴고 공부하기 시작했다. 다른 친구들이 장난을 치거나 말거나 아랑곳하지 않고 묵묵히 공부했다. 그러나 노력에 비해 성적 향상은 미미했다. 1학기를 마쳤을 때 O의 학급 석차는 52명 중 48등이었다. 심성이 착한 O를 놀

리는 친구는 없었지만, 동정의 눈길을 보내는 친구들은 많았다. 그래도 O는 꿋꿋하게 책을 놓지 않고 계속 공부했다.

누군가 O에게 "성적이 많이 오르지 않아서 속상하겠다"라고 말했더니, O는 "내 머리가 둔해서 그래. 그래도 4등이나 올랐으니까 괜찮아"라고 답했다.

2학년 때에도 O는 한결같은 모습으로 공부했다. 2학년 말의 학급 석차는 38등이었다. O를 부러워하는 친구는 여전히 없었다.

겨울방학이 끝나고 치른 3학년 첫 모의고사에서 O가 받은 학급 석차는 29등이었다. O는 성적표를 받아 들고 감개무량해했다.

"제 인생에서 2라는 숫자가 10자리에 찍힌 것은 처음이에요."

그해 대학 입시에서 O는 학급 석차 20등의 점수를 얻었고, 수도권 대학에 진학했다.

O의 강점은 자신의 능력을 과장하거나 비하하지 않고 '있는 그대로를 수용하는 정직함'에 있었다. 그리고 '작은 성취에도 기뻐할 줄 아는 소박한 마음'이 그를 대학생으로 만들었다.

내 이야기가 끝나자 B가 혼잣말로 중얼거렸다.

"내가 O였다면 못 견뎠을 거야……."

집단 상담이 끝난 후, A가 내게 넌지시 귀띔했다.

"B요, 머리도 좋고 노력도 많이 하는데 성적이 안 나와서 고민이 많은가 봐요. 따로 상담 좀 해 주세요."

"성적이 어느 정도인데?"

"아마 반에서 6~7등 정도일 거예요."

"그래, 친구를 생각해 주는 네 마음이 기특하구나."

B의 적성검사와 인성 검사 프로파일을 열어 보았다. 지능지수가 높았지만 스트레스 지수도 매우 높았다. 담임의 말을 들어 보니, B의 부모는 상당히 권위적인 태도를 가지고 있는 듯했다.

며칠 후 B와 상담을 했다.

"저 정말 열심히 하거든요. 그런데 생각만큼 성적이 안 나와서 답답해 죽겠어요."

B는 부모의 기대에 부응하지 못하고 있다는 죄책감에 시달리고 있었고, 초조와 불안으로 잔뜩 긴장한 상태였다.

"너는 의무감의 세계에서 열심히 노력하고 있는 것 같구나."

"네? 의무감의 세계요?"

"그래, 실적을 보여 주기 위해서 안간힘을 쓰고 있는 것 같아."

"……."

"어릴 때에는 똑똑하다는 칭찬을 꽤나 들었지?"

"네……."

"부담감이 컸겠구나."

B는 초등학교 때부터 우등생 콤플렉스에 시달렸다. 이 경우 자신의 실수나 부족함을 순순히 인정하지 못하고, 늘 무엇인가에 쫓기는 듯한 느낌을 받게 된다. 그와 같은 강박 상태에서는 큰 그림을 볼수 없다. B는 $E=mc^2$이라는 공식을 보면서 c가 대문자인지 소문자인지 생각하느라 시간을 보내고, 엘니뇨가 일어날 때 수온 상승 폭이 3~4℃인지 3~5℃인지 정확하게 기억나지 않아서 끙끙대는 습관이 생긴 상태였다.

B가 말했다.

"우리 엄마는요, 결과가 중요하지 과정은 중요하지 않대요. 아빠도 엄마 편이에요. 실속 없이 노력만 하면 뭐가 달라지냐고요."

"대단히 센 분들이시네. 부모님의 말씀이 옳다고 생각하니?"

"아니요. 솔직히 말해서, 확 가출해 버릴까 하는 생각도 종종 들어요."

"저런!"

공부를 때려치우거나 가출하는 식의 저항은 상처 입은 아이로 남고자 할 때 쓰는 퇴행적 방법이다. 그런 방식으로는 결코 어른의 벽을 넘을 수 없고, 독립이 아니라 고립의 길로 내몰릴 가능성이 더 높다. 어른을 이기는 가장 지혜로운 방법은 어른보다 더 큰 어른이 되는 것이다.

"부모님의 생각이 옳지 않다고 생각하지?"

"네."

"그렇다면 신경 쓰지 마라. 부모님의 생각에 동의하지도 않는데 네가 화날 이유가 없어. 짜증 낼 필요도 없다."

어른을 넘으려면 분노의 마음부터 없애야 한다. 그러기 위해서는 어른의 허상을 걷어 내고 그 속을 들여다봐야 한다. 부모라는 어른은 자식에게까지 지면서 살기는 싫은 자존심의 존재이다. 또한 수많은 상처가 있어도 자식에게는 차마 내보이지 못하는 아픔의 소유자이기도 하다. 부모의 속내에는 이루지 못한 욕망과 그로 인한 결핍이 있다는 것을 이해해야 한다.

부모로부터 정신적으로 독립하는 것은 청춘의 과제 중 하나이다. 가족심리학에서는 이를 '자아(自我) 분화'라고 한다. 부모의 생각에 계속 얽매여 있는 것은 효도의 길이 아니며, 스스로 어른이 되어야 뒷날 부모를 돌볼 능력도 생긴다.

B에게 한 권의 책을 주고, 하루 만에 읽어 오라는 통독(通讀) 과제를 주었다.

"네? 하루 만에 읽으라고요?"

B는 그런 식으로 책을 읽은 경험이 없었다.

"그래, 세세한 내용을 기억하지 말고 주제나 쟁점이 무엇인지만 파악하는 거야."

B는 점차 독서량을 늘리고, 한발 떨어져서 지식을 음미하는 습관을 길러 나갔다. 상담을 통해 자녀의 정서 상태에 대해 이해하기 시작한 부모도 B가 부담을 덜 수 있도록 협조했다. B의 성적이 조금씩 올랐음은 물론이다.

자아의 독립은 자유인으로서 행복해지기 위한 인생의 필수 과업이다. 독립하지 못한 자아는 정서적으로 매여 있고 관습적 사고에서 자유롭지 못하므로, 좋아하는 일을 마음대로 선택할 수 없다. 그 결과 자신이 원하지 않는 등짐을 오랫동안 지고 살기 십상이다.

부모 없이 태어난 사람은 없지만, 나 자신이 아니라는 점에서 부모 역시 타인이다. 그래서 어린 시절 애착으로 조여 있던 부모와의 관계는 성장과 더불어 자연스럽게 느슨해져야 한다. 그리고 청년기에 이르러서는 온전히 독립하는 것이 바람직하다.

함정 질문에서
빠져나오기

공부를 열심히 하라는 말이 덕담 수준에서 그친다면 누구나 흔쾌히 "네"라고 대답할 수 있을 것이다. 그러나 부모가 "이걸 성적표라고 받아 왔니?"라고 힐책하거나, 한숨을 푹푹 쉬는 모습을 보일 때면 자녀는 쥐구멍에라도 숨고 싶어진다.

초라한 성적표를 받게 되는 것은 노력하지 않아서일까, 머리가 나빠서일까? 이처럼 어느 쪽을 선택해도 네 책임이요, 네 탓이 되는 물음을 함정 질문이라고 한다. 그런데 실제로 나쁜 성적표를 받게 되는 것은 개인의 잘못이 아니라 학교의 성적 평가 시스템이 그렇게 생긴 탓이다.

동전 던지기 게임의 승률은 50퍼센트이지만, 모두가 기대하는 성적표 게임의 승률은 5퍼센트도 안 된다. 이렇듯 불리하고 지겨운 게임을 대학에 입학하는 날까지, 어쩌면 그 이후로도 계속해야 한다니 제정신이라면 즐거울 수가 없다.

그럼에도 불구하고 부모가 자녀에게 공부를 강요하는 것은 지위 획득에 대한 강박증과 관련이 깊다. 우등생, 대학생, 석사, 박사는 일종의 지위이다. 있으면 별거 아니지만 없으면 매우 불편한 물건과도 같다. 때문에 기대하는 지위를 획득하지 못한 사람은 거적때기일지라도 지위라는 옷을 갈망하게 된다. 그 지위를 누리고 싶어서라기보다는 남들이 나를 깔보고 무시하는 것이 싫은 까닭이다. 남을 깔보는 사람이야말로 속물일진대, 그 속물들의 알량한 콧대를 꺾어 버릴 힘이 없을 때에는 더욱 서글퍼진다.

그런데 자녀는 그 같은 부모의 상실감에 대해서 잘 알지 못한다. 설령 안다고 해도 부모를 위해 억지로 공부할 수는 없는 일이다. 성취동기의 준거집단은 대개 또래이기 때문에, 자녀들은 친구들과의 비교를 통해서 공부에 전념할 것인지 말 것인지 결정하는 경우가 많다.

또한 게임에서 질 확률이 높다고 판단했을 때 할 수 있는 현명한 선택은 게임에 참여하지 않는 것이다. 도전하지 않으면 상실할 것도 없을 테니, 공부를 회피하는 무리에 섞여 노는 것은 불안을 제거하는 한 가지 방법이다. 그러나 이러한 회피는 부모의 보호를 받으며 사는 기간에만 그럭저럭 견딜 수 있는 방법이지, 근본적으로 삶의 불안을 제거하는 방안은 못 된다.

공부는 왜 하는가? 이 물음에 대해 답을 찾는 일이 공부의 결과를 만드는 데 가장 필요하고 중요하다. 우리가 특별한 이유를 생각하지 않고도 즐겁게 할 수 있는 일은 매우 제한적이다. 먹거나, 자거나, 빈둥거리거나, 사랑할 대상을 찾아다니거나 등등. 하지만 그 밖의 일, 특히 공부는 자신의 뇌가 만족할 만한 이유를 찾아내야만 즐겁게 잘할 수 있기 때문이다.

공부는 인생의 과업이다. 그런데 10대에는 학교 공부와 성적 때문에 고민하며 부모와 마찰을 빚는 경우가 허다하다.

오랜 기간 청소년기 학생들과 그 부모들을 만나면서 인생의 다양한 고민과 갈등을 접했지만, 고뇌의 본질은 결국 하나였다. 부모들에게는 '생존과 사랑'이, 자녀들에게는 '자유와 사랑'이 욕구와 고뇌의 초점이다.

이처럼 욕구의 방향이 다를 때 서로를 존중하지 못하면 부정적인 관계로 발전하기 쉽다. 대화가 중단되고 한숨짓는 날이 잦아지면서 부모와 자녀의 관계에 금이 가는 것이다.

자녀가 우등생이면 부모와 자녀의 관계가 친밀할 것 같지만, 실상 그렇지 않은 경우도 아주 많다. 자녀의 성취를 관리나 통제 덕분이라고 확신하는 부모가 사사건건 간섭하기 때문에 우등생 중에는 부모에게 강한 적개심을 품고 있는 사례도 적지 않다.

이와 같은 갈등이 있을 때 해결의 열쇠는 부모의 손에 쥐어 있다. 자녀는 독립된 자아로 기능하려고 시도하는데, 부모가 의존적 관계로 묶여 있기를 원하면서 자녀의 독립을 방해하는 양상이기 때문이다. 상담 장면에서 이런 이야기를 하면 부모들은 대개 부인한다.

"아이가 스스로 할 줄 알면 제가 왜 통제하고 관리하겠습니까?"

부모의 신념이 이럴 때 아이의 자발적 성취 욕구를 기대하기는 어렵다. 잘해 봤자 부모가 잘 관리한 덕분이 되어 버리기 때문이다. 그래서 아이들은 부모의 통제나 강요를 거의 본능적으로 싫어한다.

공부와 관련된 부모와 자녀 사이의 갈등은 다음 세 가지 방법으로 해결할 수 있다. 부모의 습관적 신념을 바꾸거나, 자녀가 더 현명하게 대처하거나, 아니면 둘 다 변화하거나. 이를 위해서는 인지·행동의 변화를 위한 학습 시간이 서로에게 얼마간 필요하다. 이것이 나이가 들어서도 공부하기를 멈추어서는 안 되는 이유이다.

공부는 학습하고 수련하는 과정이다. 따라서 공부의 주체는 다른 누구도 아닌 자기 자신이고, 학교교육은 어디까지나 공부의 보조 수단일 뿐이다.

진짜 공부를 시작하려면 우선 '학교가 공부이고 공부가 학교'라는 관념을 버려야 한다. 이와 같은 오해는 학교에 대한 의존도가 신앙처럼 깊을 때 발생한다. 이 경우 개인이 자연으로부터 선물 받은 학습권을 학교에 주어 버리고 나면, 남는 것은 수동적 자세밖에 없다. 수동적인 학습자는 자신이 배우고 있는 내용이 좋은 것인지 아닌지조차 제대로 판단하기 어렵다. 생존과 안전의 욕구가 지배하는 위태롭고 불안한 사회라면 교육 소비자가 그와 같은 수동적 학습만으로도 만족할 수 있는데, 장성한 자녀를 둔 부모 세대가 바로 이 경우이다.

그에 반해 풍요로운 물질의 시대에 나고 자란 자녀 세대는 전쟁이나 굶주림 같은 공포를 체험하지 않았으므로, 생존이나 안전보다 한 단계 높은 욕구인 '사랑과 소속감'을 갈망한다. 자신이 소속된 가정이나 학교, 나아가 세상으로부터 사랑받는 존재가 되고 싶은 욕구 에너지는 어디로든 향할 수 있다. 그것은 생산적이고 긍정적인 방향일 수도 있고, 비생산적이며 부정적인 방향일 수도 있다. 집단 따돌림 같은 비이성적 행위는 후자의 경우로, 사랑받지 못하여 생기는 불안이나 패배감을 달래기 위해 구성원끼리 결속력을 다지기 위한 방편으로 볼 수 있다. '함께한 나쁜 짓'을 통해 자기들만의 연대감이라도 느끼고 싶은 것이다.

부모 세대가 학교에 다닐 때에는 볼 수 없었던 '평가 거부 동조' 현상도 집단 따돌림과 유사한 맥락으로 해석할 수 있다. 평가 거부는 온종일 책상에 엎드려 자는 학습 거부보다 더욱 적극적인 회피 심리이다. OMR 답안지 카드에 한 번호만 쭉 내려 긋거나, 아무 번호나 찍고 시험 시간에 엎드려 자는 행위가 그 예이다. 과거에도 이런 객기를 부리는 학생이 교실마다 한둘씩 있기도 했지만, 과목에 따라 한 교실의 반수 가까이가 거부 행위에 동조함으로써 평가받기를 회피하는 집단 현상은 전에 없던 일이다. 그리고 이럴 때 예로부터 교사나 부모가 하는 일이란 학생의 나태함이나 괘씸함을 질책하는 일이 전부라 해도 과언이 아니다. 하지만 그렇게 해서는 관계의 단절 외에 아무것도 얻을 수 없다.

사랑과 소속의 욕구가 커진 자녀 세대를 공부시키는 방법은 과거와 달라야 한다. 생존과 안전의 위협을 느끼며 살아야 했던 기성

세대에게는 훈계, 질책, 명령, 지시와 같은 강압적인 방법이 그럭저럭 통했지만, 이제 그런 구시대의 관습은 효력이 다했다. 자녀 세대의 욕구 변화에 따라 그들이 원하는 부모상도 달라졌기 때문에, 부모 또한 자녀의 눈높이에 맞는 태도를 갖추기 위해 노력하지 않으면 안 된다.

'새 술은 새 부대에'라는 격언이 말해 주듯이, 낡은 것에 집착하면 새로운 가치 패러다임을 구축하기 어렵다. 자녀에게 수동적이고 복종적인 교육을 받도록 강요하는 것은 자녀로 하여금 진짜 공부를 하지 못하도록 방해하는 일이다. 또한 성적에 집착하는 공부를 압박하는 것은 자녀 세대의 대다수를 삼류로 만드는 일이다.

자녀 세대는 잘났든 못났든 세상으로부터 사랑받기를 원한다. 그리고 자녀 세대의 바람직한 인간상은 '자유롭게 사유하고 스스로 판단하는 자율적인 인간'이다.

학교와 공부, 진로와 직업, 우정과 사랑, 예술과 종교, 삶과 죽음……. 청년의 머릿속에는 철학적 의문이 마치 구름처럼 피어오르고 사라지기를 거듭한다. 하지만 속 시원히 답을 알려 주는 사람은 없다. 어른이 청년에게 던져 주는 메시지의 핵심은 '세상에 순응하라'는 것이 거의 전부라고 해도 과언이 아니다.

학교에서 선생님 말씀 잘 들어라, 집에서는 부모님께 효도해라,

공부 열심히 해서 성공해라……. 근원적인 의문에 대한 답 대신 공맹의 말씀이나 듣는 게 고작이라면 답답할 수밖에 없다.

청소년기 학생과 그 부모 들은 답답한 마음을 안고 상담실을 찾는데 그중에 속내를 표현하는 방법을 몰라서 쩔쩔매는 경우가 종종 있다. 그럴 때는 내방자의 시선이나 호흡, 입술의 떨림이나 손가락 놀림, 앉은 자세나 옷매무새 등이 전하는 비언어적 메시지를 경청해야 한다. 내방자가 너무 오래 침묵하는 경우에는 내가 먼저 이야기를 시작한다. 물론 어떤 이야기를 할지 준비해 둔 것은 아니므로, 그때 그 장소의 정서가 이끄는 대로 두서없이 이야기하게 된다. 그런데 많은 경우 내방자들은 상담자가 자신에 대해서 이미 많은 정보를 갖고 있는 것은 아닌가 싶어 되묻는다.

"저의 집안 사정을 어떻게 그리 잘 알고 계세요?"

하지만 내가 아는 것은 누구나 비슷한 고민거리를 안고 산다는 것뿐이다. 청소년기 학생과 그 부모 들의 다양한 고민거리는 크게 두 갈래로 나눌 수 있다. 부모들은 안전을, 자녀들은 자유를 각각 우선시한다는 것이다.

10대는 학교 공부와 성적 때문에 고민이 많은 시기이다. 부모는 자녀의 성적이 잘 나오든, 그렇지 않든 더 열심히 하라고 재촉한다.

학급 일등을 하면 전교 일등을 바라고, 전교 일등을 하면 전국 등수를 따지는 부모도 있다. 이런 경우 부모와 자녀 사이에 갈등이 일어나지 않는다면 그 편이 오히려 이상할 것이다.

부모와 자녀의 실랑이는 상담실에서도 곧잘 일어난다.

"엄마, 내가 알아서 할게. 날 좀 내버려 둬."

"네가 스스로 할 줄 알면 내가 왜 간섭하겠니?"

이처럼 갈등이 생겼을 때는 어른이 한발 물러서는 것이 좋다. 부모는 자녀에게 져도 손해, 이겨도 손해이기 때문이다. 큰 나무 밑은 그늘진데다 수액이 떨어져서 풀이 자라지 않는다고 한다. 부모도 자녀에게 큰 나무와 같은 존재이니 생각을 가지치기해야 한다. 부모 역할에 관한 연수를 받아도 좋고, 마음을 다스리기 위해 독서해도 좋고, 교육 방송을 시청해도 좋다. 부모도 틈틈이 공부해야 한다. 그렇게 하면 자녀를 대하는 태도가 달라지고, 부모 자녀 관계가 개선될 수 있다.

자유방임인가, 관리 통제인가? 입장이 다른 두 가지 가정교육 방식을 두고 TV 토론이 유행한 적이 있다.

토론은 아리송한 주제를 놓고 겨루는 화술의 바둑과 같아서 한쪽으로 결론이 나는 경우가 좀처럼 없다. 간혹 소크라테스처럼 딜레

마(dilemma) 기술을 잘 활용하여 불계승을 거두는 경우가 있기는 하다. 그러나 이 경우에도 승리한 논리가 참인지는 장담할 수 없다. 정교한 가설(假說)이 정론(正論)을 누르는 경우˚도 있기 때문이다. 또 대립적인 의견 둘 다 잘못되었거나, 둘 다 맞는 경우˚˚도 있다. 그래서 토론의 말미에는 '시청자들의 판단에 맡긴다'라는 발언이 뒤따르곤 한다.

수백 명의 인생을 몇십 년에 걸쳐 추적하는 종단 연구나, 수천 또는 수만 명의 사례를 일시에 표본으로 추출하여 분석하는 횡단 연구는 통계학적인 타당성과 신뢰도를 확보한 후 학계의 가설로 수용된다. 다음에 언급하는 두 학자도 그렇다.

얼 쉐퍼(Earl Schaefer, 1926~)는 부모의 양육 태도를 애정적-자율적, 애정적-통제적, 거부적-자율적, 거부적-통제적 네 가지로 구분하였다.˚˚˚ 그리고 부모가 애정적-자율적 양육 태도를 지니고 있을 때 자녀가 능동적이고 활동적이며, 긍정적이고 적응력이 강하다는 결과를 내놓았다.

˚ 프톨레마이오스의 천동설이 지동설의 도전을 1,500년 동안이나 막아 냈던 것이 그 예이다.

˚˚ 빛의 정체에 대한 논란이 '입자이면서 파동이기도 하다'는 결론으로 마무리된 경우가 그 예이다.

˚˚˚ http://www.socialpsychology.org

다이애나 바움린드(Diana Baumrind, 1927~)는 부모의 유형을 권위적, 권위주의적,* 허용적(자율성을 허용함), 무관심 네 가지로 구분하였다.** 그리고 권위적인 부모의 자녀가 가장 바람직한 성품을 가진다는 결론을 얻었다. 반면 허용적인 부모의 자녀는 충동적이고 공격적이며, 반항적이고 독재적인 성향을 보인다며 쉐퍼와는 다른 결론을 제시하였다.

이렇게 상이한 결과는 추상적 개념에 대한 연구를 통계 작업으로 구체화하는 것이 얼마나 어려운 일인지 단적으로 보여 주고 있다.

쉐퍼는 양육 태도의 특성 요인들을 오른쪽 [그림 1]***과 같이 가시화하였다. 그런데 각각의 특성에 대해 일반인들이 지니고 있는 관념은 저마다 조금씩 상이해서 [그림 2]와 같은 상태가 되고는 한다. 즉 어떤 이는 통제를 협동이라고 생각하고, 어떤 이는 방임이나 학대를 애정으로 착각하는 것이다. 그래서 쉐퍼가 직선으로 구분한

● '권위'와 '권위주의'는 상당한 의미의 차이가 있다. '권위'는 타인의 인정을 바탕으로 실질적인 영향을 끼칠 수 있는 능력 또는 다른 사람을 통솔하여 이끄는 힘을 말한다. '김 박사는 핵물리학 분야에서 그 권위를 인정받고 있다'는 전자의 용례이고, '회장이라는 이름만으로 권위를 가질 수는 없다'는 후자의 용례이다. 반면 '권위주의'는 어떤 일에 있어 상대의 의견이나 사실은 무시한 채 권위를 내세우거나 권위에 순종하여 사람을 대하는 태도를 가리킨다. '그는 매사에 권위주의적으로 굴었다'가 그 용례이다.

●● http://en.wikipedia.org/wiki/Parenting_styles

●●● 《부모 교육》, 최윤정 · 김수희 지음, 공동체(2014).

자율-통제, 애정-거부의 경계선은 개인의 관념 세계에서 왜곡되어 불분명해지고, 제시된 관념은 어지러이 표류하게 된다. 여기에서 필연적으로 '관점의 모순'이 발생한다.

[그림 1]

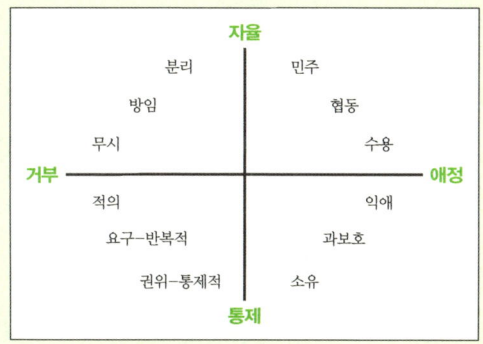

[그림 2]

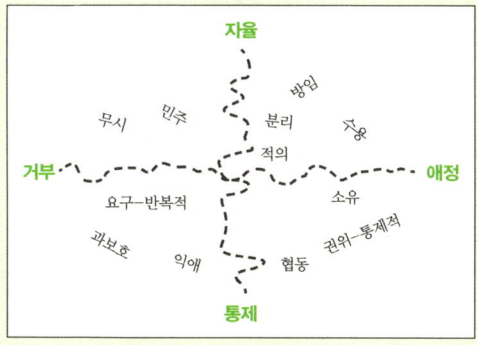

아울러 사람은 자신의 단점을 타인의 것인 양 투사(投射)하고 타인의 장점을 자신의 것처럼 내사(內射)하는 경향이 있으므로, 실제와는 달리 부인하거나 합리화하게 된다. 그래서 부모는 자신이 애정적 태도를 지녔고 자녀에게 자율을 많이 허용한다고 생각하지만, 자녀는 부모가 통제적이며 거부적이라고 생각하는 경우가 흔히 발생한다.

이러한 '관점의 모순'과 '심리 방어기제'는 가족의 의사소통을 방해하며 갈등을 일으킨다. 부모와 자녀의 갈등이 표면화되는 것은 초기 아동기부터인데, 이때 부모가 어떤 양육 태도를 선택하느냐에 따라서 아이의 선택도 달라질 수 있다.

초기 아동기 때 부모가 권력적인 태도를 보이면 아이는 부모의 뜻에 따르기 싫다는 의사를 표명하거나 때로는 격렬히 저항하기도 한다. 하지만 부모의 힘이 아이보다 월등하므로 대개는 저항을 포기하는 쪽을 선택한다. 결국 부모에게 순종하는 것이 이롭다고 판단하여 감정을 숨기고 착한 아이처럼 말을 듣지만, 이는 자신에게 힘이 생길 때까지 참는 것이라고 보아야 한다.

아이들이 청소년기에 이르면 부모에게 저항하는 횟수와 강도가

● 《유년기와 사회(Childhood and society)》, 에릭 에릭슨 지음, 송제훈 옮김, 연암서가(2014).

점차 증가한다. 특히 부모의 권위가 어릴 때 생각했던 것과는 달리 실망스러운 것임을 알게 된 아이들은 부모의 권력에 정면으로 도전하며 말썽을 일으킨다. 일탈을 통해 현실을 회피하고 탈출하려 들거나, 침묵을 택해 스스로를 고립시키기도 하는 것이다.

아이가 어릴 때는 통했던 자녀 교육 방식이 어느 단계에 이르면 더 이상 통하지 않고 오히려 역효과를 일으키기 시작한다. 이럴 때 부모는 매우 당혹스럽다. 그래서 '어릴 때는 착했는데 사춘기가 와서 그런 것 같다'라든지 '본성은 착한 아이인데 친구를 잘못 만나 저렇게 된 것 같다'라든지, 갈등의 원인을 아이나 외부에서 찾으려고 애쓴다. 이때 권력적인 부모는 아이를 더 옥죄려고 감시와 통제 그리고 처벌을 동원하게 되는데, 이는 이미 터진 감정의 홍수를 억지로 틀어막기 위해 시곗바늘을 되돌리려는 시도처럼 무모한 일이다. 특히 부모가 교사나 지인과 연합하여 아이에게 문제아 딱지를 붙이고 궁지로 몰아세우면 아이는 극단적인 선택을 하기도 한다. 자해나 탈선을 통해 부모를 공격하는 것이 그 예이다.

부모가 허용적인 양육 태도를 택했을 때 발생하는 과도한 자유의 문제나, 권위주의적인 양육 태도를 택했을 때 빚어지는 저항과 갈등의 문제를 피하기 위해서는 어떤 선택을 해야 할까? 쉐퍼는 애정적-허용적인 부모가 되라고 조언하고, 바움린드는 권위적인 부모가 되라고 권장하지만 이를 암기해 보았자 별 쓸모가 없다. 애정을 어떻게 표현하고, 무엇을 어떻게 허용하고, 고상한 권위를 어떻게 가질 수 있는지 구체적인 방법을 체득하지 못하면 소용없기 때문이다.

엘렌 갈린스키(Ellen Galinsky, 1942~)가 내놓은 '부모기 6단계' 이론은 통제와 방임이라는 양단의 선택이 아니라, 양육 태도의 지속적인 변화를 강조한다는 점에서 앞의 이론과는 차별화된다. 그녀는 부모기를 이미지 형성 단계(임신기), 자녀 양육 단계(출생~생후 2년), 권위 형성 단계(2~5세), 설명하는 단계(5~13세), 상호 의존 단계(10대), 떠나보내는 단계(청년기)로 구분하고, 각 시기마다 부모의 역할이 달라져야 한다고 제안했다.[•] 즉 부모의 양육 태도는 아이의 성장에 따라 맞춤식으로 변화해야 한다는 것이다.

그런데 한국의 부모들은 갈린스키의 이론을 활용할 만한 준비가 되어 있지 못하다. 이유는 크게 두 가지이다. 하나는 뿌리 깊은 가부장제의 관습이고, 다른 하나는 가족끼리 대화할 시간이 매우 부족하다는 점이다. 특히 자녀 교육을 아내에게 일임하고 직장 생활

• 《The Six Stages of Parenthood》, 엘렌 갈린스키 지음, Addison Wesley Publishing Company(1987).

에 전념하는 아빠들은 흔히 아이의 어릴 때 사진을 지갑이나 스마트폰에 저장한 채 회고적인 자세를 취하거나, 자신의 갱년기와 싸우느라 아이에게 신경을 별로 쓰지 못한다.

물론 부모기 6단계를 의식하면 좀 더 바람직한 양육 태도를 가지는 데 얼마간 도움이 되기는 할 것이다. 하지만 그 이상의 기대는 무리다. 축구 규칙을 안다고 해서 축구를 잘하는 게 아닌 것처럼 말이다. 가령 4단계인 '설명하는 단계'에서는 자녀와 어떻게 대화하고 어떻게 가르칠 것인가? 큰 소리로 말하면 호통이고, 작은 소리로 말하면 대화라고 오해하는 부모라면 여러 가지 곤란을 겪을 수밖에 없을 것이다.

절차가 복잡하면 실천도 어렵다.

필자의 경험에 의하면, 자녀 양육에 있어서는 '유대인의 아기 대화 방식'**과 '브레인스토밍(brainstorming)'이 매우 효율적이다. 예를 들면 0세부터 3세까지는 유대인의 아기 대화 방식을 쓰고, 그 이후부터는 브레인스토밍을 시도하여 이를 점진적으로 늘려 가는 것이다. 그 비율과 시기는 개인차가 있을 수 있으므로 부모의 판단에 따

** 아기를 존중하며 대화하는 방식이 유대인의 전유물은 아니지만, 사람들이 붙인 별명을 그대로 표기했다.

른다.

'유대인의 아기 대화 방식'은 아기가 배 속에 있을 때부터 부모가 다정한 목소리로 여러 가지 이야기를 들려주는 것이다. 아기가 태어난 후에는 말할 것도 없다. 이때 중요한 것은 아기를 온전한 인격체로 대우해야 한다는 점이다. 목욕시킬 때에도 "아가야, 너를 목욕시키려고 하는데 괜찮지?" 하고 허락을 구한다. 이웃이 방문하면 "저분은 이웃 어른이신데 인심이 아주 좋으시단다" 하고 자상하게 소개해 준다. 물론 아기가 어른의 말을 전부 알아듣는 것은 아니다. 하지만 부모의 태도에서 본능적으로 자신이 존중받고 있음을 느끼고 세상을 신뢰하게 되며, 언어 잠재력 또한 증대된다.

본격적인 대화가 가능한 아동기부터는 '브레인스토밍'을 시작한다. 브레인스토밍은 아주 사소하고 엉뚱한 발상까지도 가치 있다는 전제하에 진행되는, 일종의 아이디어 회의이다. 그러므로 부모와 자녀는 어떤 문제든 즐거운 장기 자랑을 준비하듯 아이디어를 나누어야 한다. 아이가 공부하기 싫다고 하면 놀면서 공부하는 방법은 없는지 함께 고민해 본다. 또 놀기만 했을 때 얻는 이익과 손해는 무엇일지도 자유롭게 얘기해 보고, 서로 의견이 다르다면 의견의 일치를 볼 필요가 있는지 없는지도 생각해 보는 것이다.

브레인스토밍은 지시하고 명령하고 훈계하는 권력적 언어를 쓰지 않는 것을 전제로 한다. 권력적 언어는 창의력을 억제할 뿐만 아니라, 정서적인 상처를 주고 의사소통을 방해하는 걸림돌이 된다.

부모와 자녀는 애정을 기반으로 하는 관계이기 때문에 서로에게 실망할 때 받는 정서적 상처가 깊고 오래가게 마련이다. 그래서 청소년기에는 부모의 강요와 통제에 대해 분노하고 일탈하는 경우도 비일비재하다. 어른들은 대개 아이들이 철없고 미성숙해서 그렇다고 생각한다. 일견 맞는 말이다. 철없고 미성숙해서 비효율적인 투쟁으로 아름다운 젊음을 소진하고 있으니 말이다. 허나 심청이라면 모를까 부모의 불완전함마저 존경하고 사랑하라는 요구를 순순히 수용하기란 쉽지 않은 게 사실이다.

아이들은 성장 과정에서 좌절과 갈등을 겪는다. 하지만 그것은 아이 스스로 세상과 부딪히며 해결해야 할 문제이다. 아이들은 자신을 지지해 주는 든든한 부모가 있다는 사실 하나만으로도 그런 어려움을 잘 견뎌 낼 수 있다. 그리고 성장한 후에는 자신에게 베풀어 준 아량과 지지를 부모에게 되돌려 준다.

가족주의에 집착이 강한 가정의 자녀는 자아 독립 과정에서 갈등을 겪게 마련이다. 부모가 자녀의 성공이나 실패를 자신의 것처럼 동일시하며 자녀의 인생을 직접 설계하고 관리하려 들기 때문이다. 이 경우 부모의 기본 정서는 자녀의 미래에 대한 불신과 불안이다. 그래서 자녀가 어떤 성취를 해도 만족하지 못하고 또 다른 목표나 조건을 제시한다. 대학에 입학하기만 하면 자유를 주겠노라 공언한 경우에도 그 약속을 지키지 않는 경우가 많다.

부모의 강요와 통제가 심한 경우 자녀는 크게 분노하거나 심지어 증오심을 드러내기도 한다. 이럴 때 '내 탓이다' 생각하고 반성하여 전환을 꾀하는 부모도 있지만, '네 탓이다' 하고 자녀를 신경정신과에 데려가는 부모도 있다. 자아 독립이 목숨만큼이나 소중한 가치를 지닌다는 것을 이해하지 못할 때 누구나 후자처럼 행동할 수 있다. 허나 자아 독립은 한 인간이 생물학적 존재에서 정신적 존재로 도약하는 것이므로 생명의 재탄생과도 같은 의미를 지닌다. 따라서 청소년 자녀가 선택의 자유를 주장할 때, 부모는 최대한 그 권리를 인정해 주는 것이 순리이다.

질적 전환을
일으키는 몰입

배움은 우연히 얻어지는 것이 아니라
열성을 다해 갈구하고 부지런히 집중해야 얻을 수 있는 것이다.
· 애비게일 애덤스 ·

나는 초등학교를 졸업할 때까지 마을에서 동떨어진 기찻길 옆에
살았다. 멀리서부터 꽥꽥 고성과 함께 푸시시 증기를 뿜어 대며 달
려온 화물열차가 집 뒤로 지나갈 때는 단칸방 구들장이 들들 떨리
곤 했다. 화물열차 이외에 나를 자극하는 것이라고는 파란 하늘과
흰 구름밖에 없었다. 아침은 고즈넉한 수목원처럼 조용했고, 한낮
은 호수의 수초처럼 심심했다.

내가 하는 일은 땡볕에 나앉아 벌레를 관찰하거나 촛불 밑에서
일기를 쓰는 것이 전부였다. 대신 이삼일에 한 번꼴로 극장 영화를
보는 특별한 혜택을 누렸기 때문에 나는 늘 상상의 세계를 떠돌아

다녔다. 영화는 어린 내게 역사와 문화, 전쟁과 평화, 인간과 사랑을 가르쳐 주었다.

중학생이 되어서도 일상은 비슷했다. 친구들과 어울려 놀기보다는 혼자 영화 보기를 좋아했고 부모님의 잔심부름 이외에는 할 일이 별로 없었다. 학교 수업 시간에 꼼짝도 않고 뚫어져라 칠판을 보는 것이 공부의 전부였지만 해마다 우등상을 탔다. 시험을 칠 때 선생님이 판서한 내용이 눈앞에 선하게 떠오르니 그럴 수밖에 없었다. 1 빼기 2는 마이너스 1(1-2=-1)이라는 수학 원리를 배울 때만 애를 먹었다. 마이너스(−)는 이미지로 형상화되지 않는 이상한 세계였기 때문이다.

중학교 3학년 때 선생님이 "너는 장래 희망이 뭐니?"라고 물었을 때, 나는 세 가지 중에 하나가 되고 싶다고 했다. 철도 역무원, 극장 간판 그리는 사람, 아니면 그냥 일꾼.

근년에 일곱 살부터 아홉 살까지의 경험을 소설처럼 엮다가 그때의 기억이 너무 생생하여 스스로도 놀랐다. 청년기와 장년기에 비해 그 어린 시절의 장면이 더 또렷한 까닭은 왜일까?

답은 '단순한 몰입'에 있었다. 나를 속박하는 그 어떤 걱정도 불안도 없었기에 무슨 일이든 쉽게 도취되고 빠져들었기 때문이다. 꽃을 보면 꽃이 되고, 나비를 보면 나비가 되었다. 무엇을 해야 한다는 목적의식이나, 반드시 해야 한다는 책임 의식이나, 언제까지 해야 한다는 강박 의식이나, 잘못하면 안 된다는 불안 의식이나 그 밖의 어떤 의식도 없었다. 덕분에 무아경(無我境)의 몰입 상태가 가능했고, 체험하는 모든 것을 고스란히 빨아들일 수 있었다.

순수한 호기심에 의한 단순한 몰입을 어른이 될 때까지 지속했더라면 아마도 벌레 전문가나 개미 학자가 되었을 테지만, 고등학생이 된 뒤부터 몰입 모드가 붕괴되었다. 강제 야간 자습으로 수면 시간이 부족해져 대낮에도 졸음이 쏟아지는 불쾌한 현상에 시달렸다. 학교에서 군사훈련과 단체 기합을 견뎌 내느라 안간힘을 써야 했고, 선생님들의 체벌 사랑에 엉덩이며 허벅지며 종아리며 심지어는 발바닥까지 시퍼렇게 멍들 때가 많았다. 성적이 올랐을 때조차 과거의 게으름을 이유로 담임에게 매를 맞았을 때는 학교가 괴물처럼 느껴지기도 했다. 나는 점점 총기를 잃었고 졸업 날짜만 꼽으며 매일을 흐리멍덩하게 지냈다.

몰입은 의식의 흐름이 대상에 스며들어 무아경의 상태에 이르는 것이다. 그래서 몰입 상태에서는 시간의 흐름마저 인식하지 못하는 경우가 많다. 몰입은 충만감과 개운함을 선사한다는 점에서 피로와 두통을 유발하는 '의식적 집중'이나 경련과 탈진으로 이어지는 '습관적 중독'과는 아주 다르다. 몰입을 위해서는 어떤 대상이나 현상에 대해 순수한 관심만이 필요할 뿐 특별한 요령이나 기술은 필요치 않다. 다만 심신을 옭아매는 걱정이나 불안, 대상에 대한 집착이나 과욕, 인간관계에서 비롯되는 스트레스, 억압되거나 흥분된 감정 등에서 자유롭지 못하면 몰입하기가 매우 어렵다. 따라서 개인의 비합리적 신념과 불편한 정서 환경을 개선하는 일이 몰입을 위해 선행되어야 한다.

능력을 키우는 촉매제,
감정

많이 보고 많이 겪고 많이 공부하는 것은 배움의 세 기둥이다.
· 벤자민 디즈라엘리 ·

가끔 TV 토론의 출연자가 분기탱천하여 서로 치고받는 장면이 해외 토픽으로 나오기도 한다. 그런 지경에 이르는 것은 그가 감정의 홍수에 빠져 이성을 상실했기 때문이다. 생물학자들은 이러한 흥분 상태를 체내에서 쏟아지는 호르몬이 전두엽을 취하게 만들었기 때문이라고 해석한다.

감정은 능력의 촉매라고 할 수 있다.
즐거움, 기쁨, 뿌듯함, 성취감, 환희 같은 행복한 감정은 정촉매로 작용하여 기억력, 논리력, 판단력을 활성화시킬 뿐만 아니라 미처

발현되지 않았던 잠재력을 끌어내기도 한다. 그에 반해 불안감, 두려움, 슬픔, 우울, 분노 같은 불쾌한 감정은 역촉매로 작용하여 기억력, 논리력, 판단력은 물론 이미 터득한 운동 능력이나 언어 능력마저 현저하게 떨어뜨린다. 이러한 이유로 사람들은 즐거운 상태에서는 많은 것을 창조하지만, 괴로운 상태에서는 이미 이루어 놓은 것조차 파괴하게 된다.

배가 고프거나, 몸이 춥거나 아픈 것은 신체가 느끼는 통증에 불과하다. 그러므로 신체적인 불편함은 슬픔이나 분노 같은 감정을 촉발하지 않는다. 같은 연유에서 호화롭게 잘 먹고 잘 사는 일도 그 자체로는 기쁨이나 즐거움의 근원적 동기가 될 수 없다. 그래서 빈곤 속에서도 따뜻하고 밝게 웃으며 사는 사람이 있고, 지위와 부를 누리면서도 비탄의 늪에 빠져 우울하게 사는 사람도 있다.

해맑았던 아이가 커 가면서 날로 마음속에 어두운 그림자가 드리워지는 것은 어른들이 물려주는 '근심의 거울' 때문이다. 근심의 거울은 미주알고주알 무엇을 하지 말라는 주문으로 가득하다. 그리고 네가 제일 예쁘다는 말은 결코 하지 않는다. 그래서 이 거울을 들여다볼수록 아이의 모습은 점점 초라해지고, 작은 기쁨에도 까르르

터지던 웃음보마저 쪼그라든다.

《정신장애의 진단 및 통계 편람(Diagnostic and Statistical Manual of Mental Disorders - Fourth Edition)》이라는 두꺼운 책은 어린이 정신 질환을 선천적 정신지체와 광범위성 발달 장애에 한정해서 설명하고 있다. 그 외 정신 분열, 기분 장애, 불안 장애, 성 장애, 섭식 장애, 신체형 장애, 허위성 장애, 해리성 장애, 수면 장애, 적응 장애, 성격 장애 등 모든 신경 정신 질환은 거의 전부 성인에게 해당되는 것으로 설명하고 있다.

왜 그럴까? 극도로 예민하거나, 우울하거나, 난폭한 성격을 보이는 어린이가 전혀 없기 때문일까? 미운 다섯 살이니, 죽이고 싶은 일곱 살이니 하는 말도 있다. 얼마든지 짜증 낼 수 있고, 화낼 수 있는 감정의 소유자라는 점에서 어린이도 어른과 같은 이상심리 증상에 걸릴 가능성이 얼마든지 있다. 그럼에도 불구하고 어린이에게 고질적인 신경증이나 정신병의 진단이 내려지지 않는 이유는 '성품의 미완성체'라는 가소성 때문이다. 같은 이유로 20세 이전에는 성격장애 진단도 내려지지 않는다.

2006년은 주의력 결핍 및 과잉행동장애(ADHD, Attention Deficit/

Hyperactivity Disorder) 치료제인 메칠페니데이트가 '공부 잘하는 약'으로 둔갑하여 가장 많이 팔렸던 해로 알려져 있다. 중추신경 각성제인 이 약은 암페타민, 코카인과 비슷한 약리작용을 한다. 마약과 유사한 이런 약물을 복용한다고 해서 과연 공부 능력이 향상될까?

"저요? 환자거든요. 그러니까 말 시키지 마세요."

ADHD 치료를 받은 경험이 있는 학생들이 상담 장면에서 흔히 하는 말이다. 약물치료 경험은 아이의 의지력을 약화시키는 결과로 이어지곤 한다.

미국에서 수입된 증상이라고도 할 수 있는 ADHD는 그 진단의 모호함으로 인해 의학계에서도 회의적인 시각이 적지 않다.

"아이들이 산만하고 충동적이라고 해서 그것이 병이라고?"

미국정신의학회가 편찬한 《정신장애의 진단 및 통계 편람》의 진단 기준을 적용하면, 레오나르도 다빈치, 볼프강 아마데우스 모차르트, 토머스 에디슨, 알베르트 아인슈타인, 존 F. 케네디와 같은 위인들도 모두 ADHD 아동으로 분류된다.

그러나 세계보건기구가 편찬한 《질병의 국제 통계 분류 및 건강 관련 문제(International Statistical Classification of Diseases and Health Related Problems: ICD-10)》의 기준을 적용하면 ADHD 아동의 비율이 급격

히 줄어든다. 이는 인간의 정신과 행동을 일률적인 잣대로 평가하기 어렵다는 것을 단적으로 보여 주는 사례이다.

설령 주변 사람들이 "이상한 사람이야"라고 수군거린다고 해도, 당사자는 크게 상심할 필요가 없다. '애브노멀(Abnormal)'은 '노멀(Normal)'의 상대어일 뿐, 나쁘거나 악하다는 뜻이 아니기 때문이다. 인간의 성격과 행동을 측정할 때 통상 상위 3퍼센트와 하위 3퍼센트를 애브노멀로 분류하는 것은 심리학계가 설정한 나름의 기준일 뿐이다.

사람들을 육각형 큐브 공간에 가두어 놓았을 때, 갇힌 사람들이 안절부절못하는 것은 정상적인 반응이다. 교직 경험에 의하면, ADHD 성향을 가진 아동은 교실 공간에 갇혀 있는 것을 보통 아이들보다 좀 더 많이 답답해한다. 또한 이것저것 호기심이 정말 많아 느리게 진행되는 수업에 오래 집중하지 못한다. 가두어진 것을 못 참는 아이가 문제인지, 가두어 놓은 상황이 문제인지는 다시 생각해 볼 일이다.

경쟁에서 우월한 존재가 될 것을 강요받는 우리나라 소년과 청년들은 아름다운 성품을 가꾸는 데 있어서 많은 것을 감내해야 한다. 그리고 어른들의 노파심이나 잔소리에 대해서 일일이 흔들리지 않는 강단이 필요하다. 청년들은 자신의 이상과 정의를 믿으며 우정과 사랑의 가치를 신뢰해야 한다. 또한 주변 환경에서 비롯되는 강박과 불안을 스스로 떨쳐 내야 공부에 몰입할 수 있고, 기쁜 마음으로 미래를 기약할 수 있다.

문제는
공부 결과에 대한 태도이다

아무리 높다 하더라도 인간이 오르지 못할 곳은 없다.
그렇지만 결의, 자신, 근면을 가지고 이에 오르지 않으면 안 된다.
· 안데르손 ·

'그때 그렇게 했으면 지금 이 모양이 아닐 텐데……'

사람들은 흔히 결과를 놓고 과거의 선택을 후회한다. 자신을 탓하기도 하고, 남을 원망하기도 하면서 말이다. 그런데 정말 그럴까? 과거에 다른 선택을 했다면 지금과는 다른 모습으로 살고 있을까?

"버스를 탈 걸 괜히 지하철을 탔어요. 사람이 많아서 정말 짜증 났어요."

"제가 실업계로 진학했으면 잘 풀렸을 거예요. 엄마 아빠가 강요만 하지 않았더라면……."

"그때 그 여자와 결혼했다면 잘 살았을 거예요. 어쩌다가 저런 마누라를……."

선택에 대한 후회는 부정적으로 생각하는 습성에서 비롯되는 경우가 많다. 부정적인 사고방식을 가지고 있으면 다른 선택을 한다해도 불만의 크기가 줄지 않을 뿐더러, 어떤 결과에도 만족하기 어렵다. 그래서 설령 지하철 대신 버스를 탔거나, 인문계가 아닌 실업계로 진학했거나, 그때 그 여자와 결혼했더라도 불만의 내용만 바뀔 뿐 여전히 만족스럽지 않을 것이다.

두 가지 경우를 놓고 선택을 고민하는 이유는 양쪽의 가치가 엇비슷하기 때문이다. 극단적인 예로 사느냐 죽느냐를 양자택일하려는 사람도 마찬가지이다. 자신의 처지에서 볼 때 삶의 가치와 죽음의 가치가 별 다를 바 없다고 여기기 때문에 고민하는 것이다. 중요한 것은 어떤 선택을 하든지 만족도에는 별 차이가 없다는 점이다. 결과의 만족도는 '긍정적인 자기 확신'에 달려 있기 때문이다. 그렇다면 선택에 있어서 긍정적인 자기 확신은 어떻게 가능할까?

첫째, 자신의 의지로 자유롭게 선택해야 한다.

타인의 강요나 회유에 의해 선택했다면 그것은 옳은 선택이 아니다. 강요나 회유는 '너를 믿지 못한다'는 불신에서 비롯되므로 그렇게 선택한 일에 자기 확신을 가질 수는 없는 노릇이다. 만약 부모나 교사처럼 영향력 있는 사람이 선택을 강요하는 경우라면, 자녀나 학생은 선택을 유보하고 거듭 숙고해야 한다. 아울러 평소 자신이 의존적인 자세로 살지는 않았는지 성찰하고 반성할 필요도 있다.

둘째, 조언을 들어야 한다면 성공담에 귀를 기울여야 한다.

선택을 하기 위해서는 여러 가지 정보가 필요하기 때문에 인생 선배들의 조언을 참고하는 것이 요긴하다. 그렇지만 과거의 선택을 후회하는 실패담을 귀담아들을 필요는 없다. '이래서 안 되었고, 저 래서 안 되었고, 그래서 아쉽게 실패했다'는 조언에는 회한이 담겨 있을 뿐, 그러한 요인 분석이 타당한지를 담보할 만한 결과가 없기 때문이다. 물론 실패를 거울삼아 다시 도전하여 성공한 경험담이라 면 얘기가 달라진다.

또한 성공담을 들을 때는 말에 담긴 정보 못지않게 표정에 담긴 정보에 주목해야 한다. 즉 진정으로 행복해 보이는 사람의 말에 귀 기울이라는 뜻이다. 우울하거나 찌푸린 얼굴을 한 사람이 일러 주 는 방법을 좇으면, 그 정서까지 답습할 가능성이 크다.

셋째, 자신의 감(感)을 훈련해야 한다.

각종 정보를 모으고 분석하는 과정을 거친 후, 최종 선택의 단계에서는 영감(inspiration) 또는 직관(intuition)이 작용하게 된다. 정보 분석은 경험적인 데이터를 기반으로 하고 그 데이터는 언어로 표현되는데, 언어로 설명할 수 있는 것에는 한계가 있기 때문이다. 육감(sixth sense)은 오감의 경험으로 형성되는데, 육감까지 활용하는 자신의 감을 믿을 만하도록 훈련해야 한다.

넷째, 일단 선택을 한 후에는 다른 선택지에 대해서 미련을 갖지 않는다.

어떤 선택이 이루어지면 그에 따른 결과는 하나이며, 다른 선택과 그에 따른 다른 결과는 자동적으로 소멸된다. 따라서 과거에 다른 사람과 결혼했더라면 어떻게 되었을까 하는 상상 따위는 무의미하다. 그런 상상은 추억을 씹으며 자신을 위로하고 싶을 때, 씁쓸한 기분을 맛보고 싶을 때나 하는 것이다. 그리고 나이가 든다고 과거 지향적인 태도를 지니면 더 빨리 늙을 뿐이다.

생각의 태도가 결과를 만들듯이, 공부의 경우에도 마찬가지이다. 자신이 선택하고 집중할 공부의 분야를 결정하는 데 있어 타인의 조언을 듣더라도 최종 선택은 자신의 몫이며, 그 과정과 결과에 대해 언제나 긍정적인 자세를 유지해야 한다. 무엇이 잘못될까 봐 벌벌 떠는 강박적인 자세, 성적이 기대한 만큼 나오지 않았다고 의기소침해하는 자세 등은 자기 내면의 순수한 동기가 아닌 주변인을 지나치게 의식하는 버릇에서 비롯된다. 물론 타인과 좋은 관계를 맺으며 함께 살아가야 하는 것이 사람인지라 결코 쉬운 일은 아니겠지만, 생각의 틀을 바꾸도록 애써야 한다.